JN123798

CFO
最先端を行く
経営管理

昆 政彦／大矢俊樹／石橋善一郎 ［著］
Kon Masahiko　　Oya Toshiki　　Ishibashi Zenichiro

中央経済社

は じ め に

　経理・財務部門が大きな変動期を迎え，CFOは本来の役割を果たせず「スーパー経理部長」と揶揄されたりしている。

　日本企業では経理部門が伝統的に強い立ち位置を取得し，経営会議での業績説明も財務会計で行われることが多い。しかし，グローバル企業として最先端を行く米国企業における経理・財務部門の組織構成は，経営支援の要であるFP&A，資本コスト経営の推進という新たな使命を持つトレジャリー部門，そして，同列的に経理部門が位置づけられている。

　CFOは経理部門の延長線上ではなく，すべての機能の上位に位置づけられている。特に，経営支援体制の右腕となるFP&Aの存在感は際立っており，米国企業におけるCFOの経営陣における序列や重要性を高めている要因でもあると思われる。

　日本企業においては，FP&Aの機能を傘下に持つCFOは少なく，経営陣における影響力が限定されることは容易に想像できる。しかし，日本企業においては，知的資産や現場力が強く，ここに，CFO機能の強化が加われば，十分にグローバル企業として伍していける体制を作り上げることは可能であろう。

　一方，CFOの役割とは何かを的確に解説した本は少なく，ましてその右腕となるべきFP&Aの機能や役割はほとんど認知されていない。CFOとFP&Aについてのわかりやすい書籍を一緒に書き日本社会に貢献したいとの思いが，旧知の石橋善一郎氏と大矢俊樹氏と話している中で湧き上がってきたことが，本書執筆のきっかけである。

　私と石橋氏は同年齢で，大学卒業後，日本企業勤務でキャリアをスタートし，米国企業勤務へのキャリアチェンジ，米国の大学院にてMBAを取得するなど，共通点が多いことがお互い同じ問題意識を持つに至った経緯である。一方，大矢氏は，我々より一回り若く，全く異なるキャリアを歩んできた。MBAと公認会計士，時代の最先端のIT業界での経営経験は，お互いにとって大きな刺激になっていることと，大矢氏が加わってくれたことで本書の内容に深さと広がりをもたらしてくれた。

　これからCFOキャリアを目指す人たちへのヒントであったり，勇気を与え

るメッセージであったりすることを目指して，我々3名のCFOへのキャリア構築をつつみ隠さずに書き下ろした。

　FP&Aの機能を解説することが，本書の最大の目的であるが，認知度が決して高くないFP&Aの説明だけでは，伝えていきたいことが十分に伝わらない懸念があった。そこで，CFOの役割と課題の再検証から始め，CFOの経営支援体制を担保するためには，FP&A機能が必要であることを確認した上で，FP&A概論を展開した。また，本書の特徴として，各人が実際に体験したことを「事例紹介」として随所に紹介したことが挙げられる。

　我々3名の成長のために，多くの上司や先輩等がメンターを引き受けてくれたり，アドバイスを伝授してくれたりすることがなければ，我々の現在はなかった。本書の中でいかに影響を与えてくださったかを述べさせていただいた方々以外にも，多くの方々に助けていただいた。この場を借りてお礼を申し上げたい。また，中央経済社取締役専務の小坂井和重氏のご尽力がなければ，出版に漕ぎつけることはできなかったであろう。感謝を申し上げたい。

2020年2月

執筆者を代表して

昆　　政　彦

目　　次

第1章

CFOの役割と課題

第2章

CFOの企業価値向上機能

第3章

CFOの会計とリスク管理機能

第4章

CFOのファイナンスとトレジャリー機能

第5章

CFOと企業文化

第6章

CFOの組織管理

第7章

CFOは期待に応えているか

第8章

グローバル企業における組織としてのFP&A

エピローグ

プロフェッションとしてのCFOとFP&A

CFOキャリアの始まりと 熱き想い

［Ⅰ］あらゆる経験と努力は無駄にならない （昆　政彦）

1　キャリアのスタート

　大学受験で苦労して3年遅れて大学に入学した。教員の家庭に育ち，ビジネス界へ飛び込む覚悟もできていなかった。公務員試験にも失敗し，これ以上社会に出るのが遅れてはいけないと就職活動を開始して縁あって三菱電線工業株式会社に入社することになった。それまでは，流されて失敗も多く経験してきたが，ビジネスマンとしての成功とされていた役員になることを絶対目標とする覚悟を決めた。

　経理部財務課に配属され，役員になるために，まずは経理マンとして独り立ちしないといけないと会計を勉強した。同時に，経理マンとして差別化できるように英語を勉強した。しかし，当時，三菱電線工業株式会社の経理担当役員は，メインバンクである三菱銀行出身者であること，その頃は当たり前だった年功序列の会社で役員になるには3年遅れての入社は大きなハンデであることを感じていた。

　財務の仕事が良かったのは，資金の動きで全社の動きが見れることであった。全社の資金予測を行う仕事を与えられたこともあり，資金予測には，会社の損益，売上や原価を予測するだけでなく，売掛金や在庫などのさまざまな要因を予測する必要があり，会社全体を見る目と将来予測の素養を身につけることができた。

　1990年（30歳）にGEインターナショナル日本支社へGeneral Accountantとして転職する。GEでの仕事は，三菱電線工業株式会社の仕事と違って，本当

に忙しく厳しかった。入社して1年くらいで経験したのは，上司がクビになったことであった。力をつけないと自分もクビを切られると考え，生き残るために必死で自分の武器を習得することに熱中した。

1994年にグループ会社であったGE横河メディカルシステム株式会社へ財務・税金課長として異動した。GEでキャリアを効果的に積み上げるには，米国本社での勤務が必須であろうと考え，米国で勤務できる機会を探し始めた。GE横河メディカルシステム株式会社の財務・税務課長がGE米国本社に赴任して，ポジションが空いたことを知り，後任としてGE米国本社で働く機会を求めて自らアプローチした。GE横河メディカルシステム株式会社は，GEが75%，横河電機が25%を出資して，CTやMRなどの医療機器事業を行っていた。横河電機出身の技術者が多く在籍していたが，経営は完全にGEの子会社であった。

1994年10月（34歳）には，GEで積極的に取り入れていた経営管理体制を取り入れて，新たに経理部門から4名の課員ともに新設されたFP&Aマネージャーとして就任した。就任時，米国本社に1カ月出張し，GE本社が使用しているレポートやプロセスを学び，日本で展開した。3年間の中期計画を作り，それを1年間の予算に展開し，予算をもとに月次の予実管理を各事業部長の右腕となり経営管理を行った。ファイナンスでありながら中期計画に深くかかわることができたのは新鮮であった。

次に，製造部門と一緒に，製造原価を下げるためのワーキング・グループ（WG）を作った。社長直轄のWGのリーダーになり，製造部門や技術部門のメンバーとチームを組み，横河電機の新幹線原価削減思考とGEのトラッキングメカニズムを組み合わせて3年連続で2桁以上の製造原価削減を達成できた。さらに，医療機器をサポートするためのサービス部門とWGを作り，サービス部門の原価削減活動もリードした。日本企業であれば，ファイナンスの担当者はWGの中でサポートの役割に回ることが多いが，GEではリーダーの役割を正式に与えられていた。

2　GE本社勤務，MBAとCFO就任

1997年（38歳）に米国のGeneral Electric Company（GE Medical Systems）にSenior Financial Analystとして赴任した。当時，GEのアジア・パシフィックにおけるメディカルシステムのファイナンス部門のヘッドをされていたのが，

ジョー・ハーランであった。彼の推薦で，待望の米国本社に駐在する機会を得た。

　米国で仕事をする以上は，単なる日本との連絡係ではなく，日本と全く関係のないビジネスを希望し，米国内のサービス事業を担当することとなったが苦戦の連続となってしまった。レポートを上司に提出したら，業績が悪かったこともあり，「君に期待しているのはこんなことではない」と言われ，レポートを床に放り投げられた。ビジネスリーダーが私に期待していたのは，レポートを出すことではなく，数字で把握したら，「部門長に伝えてオペレーションを動かしてほしい。結果を出させてほしい」ということであった。

　この経験は，自分の今までの経理・財務経験を否定されるほど大きなショックであり，帰りに車を運転しながら涙が止まらなかったが，ファイナンスキャリアの向かうべき方向を示され，大きな光が見えた経験でもあった。

　米国公認会計士の資格については，日本で受験勉強を進めており，1997年に赴任したその年にイリノイ州で試験に合格した。しかし，レポートを作成することが最終目標でないことを知り，公認会計士試験における会計知識では不十分であることも悟っていた。ビジネスリーダーを動かすためには，各部門の役割や言語を学ぶ必要があると思い，MBAを取得することを決意した。GE本社のファイナンス部門でもCPAを取得した後にパートタイムでMBAへ通学している同僚が多かった。勤め先から1時間半で通学できるシカゴ大学のビジネススクールのExecutive MBAコースに通学することを検討し始めた。しかし，2年間の任期が終わりに近づいたことで思案していたところ，シカゴ大学からシンガポールに新設されるアジア校に日本から通学することを提案された。

　日本に帰国するにあたり，GEキャピタルかGEメディカルシステムに戻る2つの選択肢があった。GEキャピタルは日本へ進出したばかりで，MBA取得をサポートしてくれなかったが，報酬などの優遇を提案してくれた。一方で，ジョー・ハーランがMBA取得を全面的にサポートしてくれるとのことで，メディカルシステム部門に戻ることを決めた。1999年（40歳）にGE横河メディカルシステム株式会社へコントローラー部長として帰任した。会社は毎月1週間，シンガポール校およびシカゴ本校へ2年間，16回にわたって通学することを認めてくれた。

　MBAの通学中でもあった2001年（41歳）に，同社CFO（経理部門長）に昇格した。決算業務，財務，原価計算および統制，経営分析部門の責任者として45

名の部員を指揮，運営した。1年でCFOに昇進できたのは，ジョー・ハーランのおかげであった。CFOになって初年度は，会社が史上最高益を出し順調な滑り出しで，MBAも習得できた。ところが，翌年に厚生労働省が保険点数を4割くらい落としてしまい，MRやCT等の医療機器の市場が急激に縮小し，会社の損益が赤字寸前になってしまった。1割以上もの社員を削減するリストラを実施せざるを得なくなった。業績に問題のない従業員にまで退職勧奨をせざるを得ない厳しい施策を遂行しなければならなかった。

　GEでは業績が悪い時のリーダーの入れ替わりは速く，次のステップとして進んだのが，GE Medical Systemsのアジア本社における関係会社の連結決算，リスク管理を行うControllerの仕事であった。しかし，アジア本社の業績も良くなく，業績の良くないアジア本社と業績が良かったヨーロッパ本社をインターナショナル本社として合体する中で自分のポジションも消滅したので，GEと東芝がJVで行うシリコーン事業のアジア・パシフィック本社に異動した。

　当時は自分の気持ちの中でキャリアの方向性が定まらず，漂流していた時期でもあった。ビジネス界で役員になるキャリアの目標を想定より15年も早く達成することができたが，CFOとして1年目に成功を経験し，2年目にリストラに直面して，「自分が目指していた役員の仕事とはこれだったのかな」と考え，CFOの仕事に失望もしていた。自分がやりたいことが見えなくなっていた時期であった。

3　迷走期

　一方で，親が持っていた教育に対する価値観や自分の教育への想いから，2002年にグロービスマネジメントスクールで教鞭をとることを決意し，アカウンティングI（財務会計）を教え始め，その後，担当分野をアカウンティングII（管理会計）へも広げていった。

　2004年3月（45歳）に株式会社ファーストリテイリング（FR）へ移籍した。執行役員兼グループ会社管理・経営支援部長兼グループCSR部長を務める。そのころ，出会ったヘッドハンターに言われたのが，「これまで星条旗ばかり背負ってこられたが，ここで日の丸を背負ってみませんか？」という言葉だった。FRの柳井さん，玉塚さんを紹介されて入社を決めた。他の日本企業も検討したが，FRの経営のスピード感が魅力だった。

　当時，FRには，CFOというポジションがなかった。柳井さんは経営哲学と

して，グループ経営を目指していて，CFOの管轄する経理，財務および事業管理の機能が，複数の担当者に分散されて運営されていた。入社時点では担当がなく，まず財務部長を任され，次にCSR部長を任され，次にM&Aの買収後のPMI（Post Merger Integration）を任された。自分が人生をかけて実現したいことを明確にしていなかったことから，ビジネス・キャリアでの目標が定められず，FRにおいても気持ちが揺れていた。気持ちが揺れているようでは経営者の責務は完遂できない。人生をかけて実現したい志の追求のために，価値観の見直し，武器の構築，実現のための手段の追求も積極的に進めた。

財務会計においてBSやPLに表示されない非財務情報の重要性について研究されていた花堂靖仁早稲田大学教授と出会ったことで，さらなる進むべき方向性への光が見えてきた。自分は，今まで数字で測定できる部分しか意識してこなかったが，PLやBSは単なる窓枠で，その本質は見えない経営資産にあるとの教えは正に目から鱗であった。花堂教授の指導を受けるべく，早稲田大学大学院アジア太平洋研究科の博士課程に入学した。そして，人生をかけて実現したいことは，知的資産を生かした効率的経営管理を通じてビジネス界の進化に貢献することであることを意識し始めた。

CFOとして実践すること，CFOをはじめとしてコーポレート・スタッフオフィサーや役員の養成のための指南役になること，経営管理の進化の姿を提唱することが志実現のための手段であると定めた。そのころ，古巣のGEからGEキャピタルリーシングのCFOへのオファーを受け移籍した。

4　3Mへの転職

GE復帰後しばらくして，ジョー・ハーランから電話がかかってきた。ジョー・ハーランは，GEから3Mに移り，スリーエム日本法人である住友スリーエムで社長をした後に，スリーエム米国本社で経営幹部に昇進していた。深い恩義のあるジョー・ハーランからの電話は，住友スリーエムのCFOへの誘いだった。気持ちも高揚し二つ返事で3Mへの移籍を決めた。

2006年12月（47歳）に住友スリーエム株式会社（2014年にスリーエム ジャパン株式会社へ社名変更）へ移籍。取締役として財務，情報システムおよび総務を担当した。2013年3月（53歳）に同社で，取締役兼常務執行役員に昇格し，財務，人事，情報システムおよび総務を担当することとなる。さらに，同年10月（55歳）に同社で，代表取締役兼副社長執行役員に昇格した。

　住友スリーエムは，あらゆる面でやりがいのある会社であった。まず，３Ｍの事業分野は多岐にわたるが，自分のこれまでのエレクトロニクスビジネス，医療関連ビジネス，化学分野ビジネス，消費財ビジネスと広く事業分野を経験したことが，多分野で事業展開している３Ｍとフィットしていた。博士課程で研究していた「見えない資産」に関しても，３Ｍの暗黙知の深さとイノベーション経営は研究結果を活かせるビジネス形態であった。また，外資でありながら，日本で販売，生産，研究開発まで行っており，CFOとしては最も広く役割を果たせるビジネス形態も持っていた。さらに重要なことは，自分のキャリア構築においてスポンサーでいてくれたジョー・ハーランが本社の経営幹部であったことである。

　早稲田大学大学院アジア太平洋研究科の博士後期課程で，GE，３Ｍ，およびパナソニックを対象としたケース・スタディをベースに博士論文をまとめ博士号を取得することができた。早稲田大学の博士課程で実務家として指導をいただいたのが信越化学工業株式会社のCFOとして著名であった金児さんだった。さらに，金児さんのご紹介でお話を伺えたのはパナソニック株式会社のCFOを務められた川上さんであった。２人からお話を伺ううちに，自分はCFOの仕事の本質を理解していなかったことを自覚させられた。特に，川上さんのパナソニックでの中村改革の話を伺って，「自分は全くCFOの仕事をやり切っていない」という気持ちになった。経営の実践者として成功することが人生をかけて実現する志のための主要な手段になると自覚し，CFOとしての成功を目指す覚悟を決めた。

　住友スリーエムのCFOとして初めに取り掛かった仕事は，数値管理経営の導入であった。財務業績は悪くはない状況ではあったが，会計数値でのコミュニケーションに難があり，米国本社や社長が経営状況の把握に苦慮していた。３ＭのFP&A部隊であるビジネス・カウンセルの組織替えと強化，経営会議での財務状況確認の変更，事業部長への財務教育の導入などを通じて，財務数値による経営管理の導入を行った。

　CFOとして最も大きな仕事は，JVの解消であった。2014年に３Ｍ（75%）と住友電工（25%）のJVであった住友スリーエムを，３Ｍの完全子会社，スリーエム ジャパンへ移行したプロジェクトがある。入社後すぐに財務的に不効率であったJVを解消する提案と具体的な手法をまとめて，2008年に本社へ提案したが，本社の決裁は下りなかった。

　しかし，2014年には，本社のCFOとTreasurerと非効率な資本関係の問題議論を通じて，再度，25％の持分買い取りの提案をまとめた。今回は，案件を進めるとの決定であった。2008年提案以来，住友電工とは資本提供比率に見合った協働PJをいくつか仕掛けていた。しかし，軌道に乗れずにいることを住友電工の幹部も理解してくれていたことが大きかった。財務的観点から，非効率な資本関係を解消する手立てを見出すことが難しかった。最終的には，3MのCEOと住友電工の社長のトップ会談で金額が合意されたが，3Mの傘下にありながら日本法人の貢献と日本法人への投資が非効率である状態が解消される案件は，日本法人のCFOしか実行に踏み出せないものであり，7年もの歳月を掛けて慎重に実行したことなど，大切な役割を果たしたという満足感を覚える結果であった。

5　複業とキャリアの振り返り

　2008年からは，公益社団法人 経済同友会に入会し，2010年に幹事となり，社会的責任委員会，金融委員会，資本効率の最適化委員会，会員委員会などで副委員長をして，視野を広げることと社会への貢献を推進する活動に力を注いできている。また，一般社団法人日本CFO協会においても，ウェブマガジンへの投稿，CFOラウンドテーブルでの意見交換を通じて，CFOのあるべき姿と課題を再確認する活動を行っている。統合報告書の提唱では，CFOの役割を広げる分野としての啓発も推進している。

　教育方面では，早稲田大学大学院のMBAコース（WBS）にてCFOに関して自分の経験と研究から得た知見を伝える『CFOの役割と課題』講座と社会価値系の科目を客員教授として担当している。早稲田大学のWBSでは2015年に『CFOの役割と課題』講座でティーチングアワードも受賞した。一橋CFO研究センターや日本CFO協会では，CFOとしての経験を講演等で発信している。グロービス経営大学院では，自分の経験も踏まえながら，人生をかけて達成する志の構築を目指す『企業家リーダーシップ』などの志系科目や会計科目を担当している。グロービス経営大学院では，15年の永年講師表彰も受賞した。

　キャリアの前半は，CFOになることを目指してきた。主に，自分のスキルやリーダーシップ能力を上げることを判断軸として，ポジション，経験，資格を選択した。給料は判断軸には入れずに，CFOになることだけを夢見ながら必死に頑張ってきた。

　初めてCFOになった後は，ポジションを得た満足感とCFOとして何をするかの準備不足から迷走期を過ごしたが，この期間で，博士課程にチャレンジしたことが，キャリアのみならず人生をかけてどのような社会的価値を生み出したいのかを真剣に考える良き時期となった。また，CFOになることを目指して，120％の成果を追求してきたことが，迷走期であっても一定の成果を上げることにつながり，大きな脱線をしなくて済んだ要因であったと考えている。

　キャリアの後半は，CFOという手段を通じて何を実現するかを模索することから始まったが，CFOとして成功するとはCFOの職務を進化させていくことと同義であることに気づくこともできた。そして，現在では経営実践，研究教育，発信のトライアングルで推進することが必要であると思い，三軸で活動を行っている。

　武器を磨くこととCFOの職務の壁にぶつかったキャリアの前半があったことが，CFOとして充実したキャリアを歩む後半につながっていることは間違いなく，あらゆる経験と努力は決して無駄にならなかったと考えている。CFOになりたいとの強い思いが，すべての問題を解決してくれたキャリアの軌跡だと思っている。これからのビジネス界において，CFOほどエキサイティングでやりがいのある職務はない。多くの人がCFOを目指し，自己成長を果たし，CFO職務を進化させていくことを願い，応援していきたい。

　2020年1月（60歳），スリーエムジャパン㈱の代表取締役社長に就任した。還暦での新たなチャレンジに身の引きしまる思いであるが，CFOからCEOへのキャリアパスのロール・モデルとなるべく邁進する所存である。

［Ⅱ］ 必要とされて，ここまで来た　　（大矢俊樹）

1　監査法人時代

　筆者は社会に出るにあたって，何らか手に職をつけたかったので，大学2年生のころに資格を取ろうと思った。思いついたのは弁護士と会計士である。在学していた慶應義塾大学では会計士の合格者が多く，周りに勉強している人が多かったのと，弁護士に比べると合格しやすいと思い，会計士を選んだ。やってみると簿記や商法，経済学などは面白く，興味がわいた。

　1年半後，大学3年生で会計士の二次試験に合格し，監査法人トーマツに入所した。監査法人に入ってからは監査部門に配属され，上場企業や大企業，外資系企業の法定監査や任意監査に従事した。監査部門のスタッフは大体10社くらいのクライアントを持ち，監査を行う。担当する会社は，大きな会社から小さい外資系の会社までさまざまである。

　監査法人の仕事の中で今でも良かったと思えるのは，経理部長など会社全体を見る立場の人と，20代の前半から話をすることができたこと，そして1社だけでなく，何社も会社を見ることができたことである。段々と実務に必要な知識と経験を習得し，現場主任的な立場を任されるとクライアントの人も一目置いてくれるようになる。20代の間，監査法人で過ごしたが，忙しい日々ではあったものの，非常に効率良く会社を俯瞰で見る力が身についたように思う。

2　SBI時代

　29歳で最初の転職をした。自分としては，監査よりももっと主体的に事業に関わりたかったので，監査法人にずっといるイメージはなかった。当時，独立開業する会計士は多かったものの，一般企業に転職をする人は少なかったように思う。

　当時は，1999年に東証マザーズやナスダックジャパンが立ち上がり，インターネットが期待先行ではあったものの，大きなうねりとなり，時代が大きく変わろうとしているのを感じていた。考えた結果，その中心的な存在にいたソフトバンクに強烈に興味を持った。最初はナスダックジャパンが立ち上げの時期だったので，その仕事に関わりたくて応募したが，代わりに立ち上がったば

かりのソフトバンク・インベストメント株式会社（SBI）で投資の仕事をやるのはどうかと言われた。投資をしたり，投資先の役員として経営に携わる仕事は面白そうだと思い，入社を決めた。

　当時，SBIは立ち上がって3カ月程度で30名程度の規模のベンチャーであった。しばらく投資先の開拓などの仕事をしていると，幸いにも1,500億円の大型ファンドの企画と組成実務を任せてもらえることとなった。今までは監査という立場でしか事業に関わってこなかったが，最初に当事者として大きな仕事をさせてもらうことができて，大いに燃えた。ファンドに関しては素人であったが，ストラクチャーやファンドの規約を作り，投資家のデューデリジェンスに対応し，何とかやりきったのは仕事への自信につながった。その後，その大型のファンドから数百社に投資を行うことになるので，投資実行や投資先管理，投資家向けの報告など一連のファンド管理業務の責任者となった。

　ファンドに関して一通りオペレーションが回るようになると，経営者として仕事がしてみたいと思った。一機能の責任者というより事業全体に責任を持つ立場になりたかったというのがあり，上司に申し出て，投資先の管理担当の役員として経営に携わる機会を得た。肩書こそCFOではないものの，これが自分にとって最初のCFOのキャリアであった。31歳の時であった。

　投資先はサワコーコーポレーションという不動産の有効活用のためのマンションを建設する事業を行う会社であった。上場会社であったものの，粉飾決算により民事再生を余儀なくされ，SBIがスポンサーで入った。約2年，本社のある名古屋に常駐して再建のために自分なりに努力をし，社長にも信頼してもらえたが，成果が出るまで見届けることはできなく異動となった。自分としてはこれがSBIでの仕事の節目と考え，転職しようと思った。その頃，ヤフーで経営戦略室長をされていた佐藤完さん（故人）からヤフーに来ないかと誘われた。同じソフトバンク系列であり，CFOの梶川さんとも面識があったのと，投資会社よりも，さらに事業に主体的に関われるという考えでヤフーに転職した。

3　クレオとの出会い

　ヤフーに入り，内部監査で1年間会社の各組織について学ぶ機会を得た後，M&Aの部門を任され，数十件のディールに携わった。その中で社長から，事業の急速な拡大に対してエンジニアのリソース不足が顕著なため，開発会社の

パートナーを探してほしいというオーダーがあった。クレオは独立系のソフトウェアハウスでは草分け的な存在で，話はトントン拍子に進んだ。40％の出資を行い，ヤフー向けの開発エンジニア部隊を100名体制で用意してもらい，提携が始まった。

　役員として社長の井上さんと筆者が入ったが，しばらく役員会に出席していると，業績の見通しのブレが大きく下方修正を繰り返し，これはまずいなと思った。井上さんから，「お前，半年くらい張り付いてみてこい」と言われ，クレオに常駐するようになった。中に入ってみて感じたのは，管理体制というよりももっと深いところ，経営体質や経営と現場との距離の隔たり，できあがったばかりのパッケージ製品の品質不良でトラブルに苦しんでいる現場の存在などが浮かび上がってきた。率直にクレオの経営陣にも自分の意見を言い，これは半年では済まないと思った。すると，当時のクレオの経営陣から，もっと本格的に入り込んでほしいという強い要望があり，翌年2006年から常勤のCFOとなった。

　クレオで2社目のCFOとなり，5年間常勤で経営にあたった。筆者としては，このクレオでの経験が経営者としての自分の根源にあると思っている。CFOとしての5年間，体質の改善を急速に進めていった。不良資産の圧縮に始まり，パッケージビジネスのビジネスモデルの改善，人員の削減などの構造改革を経て，ようやく安定して黒字が出る体質になっていった。

　CFOをやって5年経過し，一旦ヤフーに戻ったものの，経営者としてのダイナミズムが忘れられず，半年後再び，今度は社長としてクレオに戻ることにした。社長になることが決まって就任前の半年間で進めたのは，持株会社制への移行である。各事業の独立性が高いのと，数十年長らく事業部制をとってきており，ヤフーの増資によって強固な財務基盤があることも相まって，組織の慣れと緊張感のなさが蔓延しているように感じたからである。また，筆者の経営スタイルとしては，現業は権限を委譲し，強いコミットメントを持ってもらい，グループ経営をしていくほうがうまくいくと思ったからである。

　社長に就任して思ったことは，社長とそれ以外はこんなにも違うのか，ということであった。CFOの時も，社長と同じ視点で物を考えていたつもりであったが，どこかで，社長がいるからとか，社長がよいのであればそれでいい，という甘えがあった。しかし，自分が社長になると，後ろには誰もいない。すごく感覚的であるが，力がみなぎり，思考力も研ぎ澄まされた。

　分社化の初年度で非常にバタバタし，新しい会社の仕組みづくりで1年が過ぎたが，過去の施策の効果が出て，5年間赤字だったものが一転大きく黒字化し，その後も安定して利益が出る体質に変わっていった。会社を分割しただけでなぜこれだけ変わるのかと思ったが，各子会社の社長も筆者と思いは同じで，社長として経営責任を持つことの重みと意識は事業部長のそれとは大きく異なったのだろう。会社の根幹は人であり，人の力を引き出すために組織があり，組織が人に与える影響の大きさを身をもって知った。

4　ヤフーにおけるCFOの役割

　2012年1月，クレオの社長としての初年度が終わろうとしていたころ，突然ヤフーの宮坂氏（後のCEO）と川邊氏から話があるといわれ，クレオの本社に来社した。何の話だろうと思ったら，「経営体制が変わる。ついてはCFOになってほしい」というものであった。筆者としてはクレオに転籍もしており，あまりにも唐突な話だったので，少し考えさせてほしいと言った。ただ，彼らが自分を強く必要としてくれているのだからやってみようと思い，受けることにした。

　後になって，なぜ自分に声をかけたのかを聞いたところ，正直，CFOとして誰が適任なのかわからなかったので，社員に聞いて回ったということであった。ヤフーにおいては，前経営体制の時にCEO，CFOのポジションが早々からできていて，事業が大きくなるにつれCOOのポジションが設置された。

　CFOは2つの役割を持っている。1つは，コーポレート部門全般の長，財務経理，経営企画および人事，法務，広報，IRなどの本社機能の組織長であり，もう1つは財務の最高責任者として事業計画や投資案件の審議と承認，投資家対応等の資本市場との向き合いなどである。経営上の重要な話は，CEO，COO，CFOで話し合う文化というのができており，これは経営体制が変わっても引き継がれていたので，自分としては非常にやりやすかった。

　CFOの場合，財務戦略等は自ら考え立案していくが，事業や投資の判断や評価にあたってはリスクサイドを重視して耳の痛いことを言う場合も多い。大企業になればなるほど，さまざまなステークホルダーに与える影響も多いため，多角的に意見を集め，総合的に判断をしていくことが重要になる。空気をあえて読まない発言をしたり，本当に納得がいかないときにはCEOやCOOと意見が対立したとしても止めることも必要（単に止めるだけでなく，どうしたらいい

か提案をしなければならないが）である。株主の資本を預かっているという基本姿勢を常に忘れずに，社内の雰囲気や内輪の事情に流されずに判断をしていく気力と胆力が重要である。

5　ソフトバンクとの関係

　ヤフーでCFOをやっていく上で，コーポレート・ガバナンスについては腐心をする点であった。ヤフーは1996年，ソフトバンク60％，米国ヤフー40％でのジョイントベンチャーで始まった会社である。日本でJVの形でできた会社の中では最も成功している例の１つである。

　JVというのは，言葉を選ばずに言えばわりと安易に作れる。本来ならば提携でもいいものを，形として箱を作る場合も多いように見受けられる。ただ，運営の難易度は非常に高く，２つの株主の思いというのは，完全には一致しない。別の会社である以上，ある意味当然である。また，JVを任された経営陣との思いも完全には一致しない。株主２社とJVのマネジメントが１つの方向に向いてやっていくのは，構造的に大きな努力を必要とする。

　そんな中でヤフーがうまくやってこられたのはなぜか？　社長であった井上さんと宮坂さんの言葉の引用であるが，ソフトバンクは勇猛で大胆な父親，米国ヤフーは寛容で優しい母親として，子供であるヤフーを大きく育ててくれた。米国ヤフーは技術やブランド，初期のころはサービス作りに惜しみない協力とアドバイスをくれ，ソフトバンクは，基本的にはヤフーに全面的に任せる中で，孫さんの大きな事業構想力の裏付けにより，重要な局面でのアドバイスや戦略の示唆を受け続けた。明確な株主の中での役割分担と，ヤフーへの大きな権限委譲が成功に導いたと思う（事業ドメインが時代の中で最適であったというのが前提にある）。ソフトバンクとの関係性や関与は非常によく聞かれる。

　ソフトバンクの企業統治は，上場会社としての独立性を保ちつつも，ソフトバンクは重要なパートナーとし，事業連携の機会を最大限模索し，活用するというのが基本的なスタンスである。孫さんには，コーポレート・ガバナンスに関わる重要なことや大きなM&Aについては，入念に説明し理解・サポートを得られるようにした。偉大な経営者であるため，筋の通った話であれば理解し，サポートをしていただけた。むしろ，どうしても小さくまとまりがちなところを，もっと大きくやれ，という激励が多かったと記憶している。

6　ヤフーのCFOを終えて

　筆者はヤフーのCFOを6年間務めて退任した。ヤフーは日本のインターネットの中心となる会社であり，若い感性で，よりダイナミックに変化を続けた方が良いと思ったので，自分なりに6年という期間で区切りをつけた。同じく2017年度末に社長の宮坂さんも退任し，ヤフーは2018年からまた新たな経営体制に移った。

　メディアビジネスではPCからスマホへのリソースシフト，イーコマースではショッピングのビジネスモデルの転換，決済事業への進出など，いくつか非常に悩みながらも大きな経営判断があった。わずか6年の間にこれだけの大きな変化があったかと思うほどである。正直，1年1年が非常に濃かったので，自分としてはこれで十分だと思った。

　退任を決めて，しばらくは解放感で満ち溢れた日々を送った。家族との時間を取り，体を鍛え，旅行をし，怠りがちだった自己学習をして数カ月間，過ごした。ヤフーには役員を退任した後もシニアアドバイザーとして残り，社員の相談に乗った。非常に恵まれた幸せな時間であったが，ずっとこの生活を続けるとなると物足りないと思った。予想はしていたものの，忙しい日々を送っている時には時間に余裕のある生活を望み，時間に余裕のある生活を送ると逆に物足りなくなった。どんな仕事をしていてもこうした感覚を持つ人はいる。この先も何らか社会と関わって仕事をしていこうかと思った時に，また自分を必要としてくれる機会が訪れた。

7　グリーとの出会い

　退任後の時間を過ごしていると，グリー株式会社の創業メンバーの山岸さんから突然電話が入った。グリーのコーポレート担当の役員として来てくれないかという連絡であった。彼とはヤフー時代から懇意にさせていただいていた。まずは話を聞いてみようと思い，創業オーナーの田中さんをはじめ，仲間として働く他の役員と何回か会ってみた。

　グリーは2004年創業のインターネット企業で，一時期大きく成長したものの海外展開の失敗などで規模が縮小し，最近主力のゲームがヒットして再度成長しようとしていた。社員が非常に優秀で生真面目なカルチャーを感じた。筆者としては長年携わったインターネットで今後もやっていきたいと思い，かつ紹

余曲折ありながら生き残って再度成長しようとしているグリーに興味を持った。そして，もの作りの天才である田中さんを支えてみようと思い，引き受けることにした。

　グリーでは，最初の3カ月間，注意深くいろいろな方々のお話を聞いた。グリーのビジネスモデルはゲームを中心とするビジネスというよりは，コンテンツビジネスといった方が的確であった。同じインターネットの業界といってもヤフーとはだいぶ趣が異なるため，社内の人間や同業他社のCFOの方々などに経営管理の仕方やゲーム開発投資の考え方などを聞いた。

　半年経って，変えるべき点，変えるべきでない点が少しずつ見えてきたので，意見を言い始め，ちょうど今1年が経ったので，組織や人事に意見を反映させたところである。

8　CFOとして

　振り返ってみると，最初は会計や財務の道を自分の意思で選択して働き始めたものの，節目のタイミングで筆者を必要としてくれる人が現れ，それに導かれるように従ってきた。そこには幸運の要素も多分にある。筆者自身も，非常にゆっくりとCFOとしての仕事に矜持とプライドを持つに至り，必要とされるとしたら，こういう役割だろうというのが徐々にわかってきた。

　筆者自身は自分で事業を興してみたいという強い野望はあまりなく，自分自身でやりたいことというものは正直ない。もちろん仕事は選ぶが，この領域で必要とされ続けるような存在でいられたらいいなと思っている。アメリカでは経験豊富なCFOはたくさんいるが，日本ではそれほどいない。これからもCFOの仕事を長く続けることができて，少しでも貢献できればいいと思っている。

［Ⅲ］ マインドセットとスキルセット　（石橋善一郎）

1　新卒で日本企業に入社

　1982年に富士通株式会社に新卒で入社した。入社時に配属されたのは，海外事業本部事業管理部管理部管理課という部署であった。当時，富士通は積極的な海外事業展開を進めており，海外子会社の予算管理や米国子会社による企業買収や工場用地買収，カナダでの新子会社の設立などを手がけていた。さまざまな投資案件を海外子会社の立場で稟議書にまとめ，本社経理部などに説明する役割であった。仕事自体は管理会計の実践そのものであり，大変にやり甲斐のある仕事であった。

　奇異に感じていたのは，富士通社内における自分のキャリアの見通しであった。一般に日本企業は社員をゼネラリストとして扱い，若手の社員にはいくつかの異なる仕事を経験できるようにローテーションを行う。

　しかし，富士通社内では経理，財務，法務，人事などの職能機能が縦割り組織になっており，職能組織内のローテーションが中心で，職能組織間でのローテーションはほとんどなかった。海外事業本部に配属されると，一通り仕事を覚えた段階で海外子会社に駐在し，長期間にわたり海外子会社で勤務することが予想された。海外駐在から戻ってきた後は，経理部や財務部に配属されることはなく，海外事業本部の中でのローテーションになりそうであった。管理会計の実務を学ぶには最高の職場であったが，経理や財務を担当するキャリアパスから外れていた。

　入社して４年後の1985年に富士通アメリカに駐在する機会を得た。富士通アメリカには，情報・通信機器の製造・販売を行う子会社群があり，その事業管理を担当した。複数の企業買収プロジェクトに参加した際に出会ったのが，子会社で業績管理を担当する３人の米国人CFOであった。それぞれがMBAや米国公認会計士の資格を保有しており，経験豊かなプロフェッショナルであった。彼らにとって決算と予算は１つのものであり，財務会計と管理会計はつながっていた。

2　日本企業を退職してMBA留学，そして経営コンサルタント

　20代後半に日本企業を退職して，自費でスタンフォード大学大学院のMBA課程に留学した。経営戦略，管理会計，企業財務，財務会計，マーケティングなどの科目を履修した。スタンフォード大学で学んで有益だったのは，異なる分野の科目を履修したことでビジネスを俯瞰的に考える目が養われたことである。事業部コントローラーやCFOとして「ビジネスパートナー」の役割を果たすための良い準備になった。しかし，1990年当時，日本ではCFOという職業やキャリアが存在していなかった。そこで，多くのMBA取得者と同じように，経営コンサルタントのキャリアを目指すことにした。

　30歳で経営コンサルタントになったが，自分のキャリアにおける初めての挫折を経験した。経営コンサルタントは自分にとって適性のある仕事でも，やりたい仕事でもなかった。将来のキャリアを模索している時に思い出したのが，米国子会社勤務時に一緒に働いた3人の米国人CFOであった。彼らは複数あった米国子会社でCFOを務めており，事業管理実務の豊富な経験とMBAや米国公認会計士などの資格取得を積み重ねて，職業人としてCFOのキャリアを築いていた。キャリア選択にあたり，以下の3つの基準を考えた。

- 自分はその仕事が好きか嫌いか？
- その仕事は自分に向いているかいないか？
- その仕事からの経験と自己学習（会計関連資格やMBAの取得）を積み重ねることによって，長期間にわたりプロフェッショナルとしての成長を継続することができるか？

3　外資系企業へ転職

　1991年（31歳）に，外資系日本法人であるインテル株式会社に予算管理（FP&A；Financial Planning & Analysis）担当マネジャーとして入社した。外資系のCFO組織は，経理・事業管理・財務の3つの機能から成っている。経理と事業管理のチームを束ねるのがコントローラーであり，財務のチームを束ねるのがトレジャラーである。予算管理担当マネジャーを3年間経験した。上司はインテル本社から出向してきた米国人コントローラーであった。初めての外国人上司の下で首になる恐怖で歯を食いしばって仕事をした。入社4年目に経理・税務担当マネジャーへのローテーションを志願した。CFOのキャリアを

築くために，財務会計の実務経験が必要であった。1997年に予算管理と経理・税務の両方を統括するコントローラーに就任した。

2000年（40歳）に志願してインテル米国本社に駐在し，ノートブック・パソコン用のマイクロプロセッサーを企画・開発する製品事業本部のコントローラーに就任した。セントリーノと呼ばれる全く新しいマイクロプロセッサーの開発に携わり，実務経験を積み重ねることと並行して，プロフェッショナルとしての知識とスキルの学習を続けた。2000年には米国公認管理会計士，2001年には米国公認会計士，2002年には米国公認内部監査人の資格を取得した。

2002年（42歳）に帰任して，インテル入社時の目標だったインテル株式会社のCFOに就任した。米国本社で携わったノートブック・パソコン用マイクロプロセッサーが2003年度に発売され，インテル株式会社の売上高は2002年度の1,800億円から2004年度の3,100億円へ急伸した。業績管理を厳格に行い，固定費を増加させないように努めた。

2004年（44歳）当時，外資系日本法人であるインテル株式会社のCFOを2年間経験して，同じ環境で働き続けるのは自分のキャリアにとって良くないと感じていた。CFOキャリアの目標として，事業部レベルで働くコントローラーではなく，本社レベルで働くCFOを目指したいと考えた。同時に，大企業の子会社CFOではなく，上場企業の本社CFOを目指したいとも考えた。一橋大学大学院国際企業戦略研究科金融戦略・経営財務コースのMBA課程に入学した。2回目のMBA課程では上場企業のCFOになることを目指して，企業財務の学び直しに励んだ。

インテル本社においてグローバル化が進展し，CFO組織の一部機能を海外拠点に集約することが始まり，買掛金支払いなどの業務を東南アジアの拠点に移した。自分のチームのメンバーに仕事がなくなることを告げるのは，人生で最悪の経験であった。しかし，グローバル化の流れに逆らうことはできないことも明白であって，この経験が14年間勤務したインテルからの転職に踏み出すきっかけになった。

当時，出会ったのが，『プロフェッショナルマネジャー』（2004）という本である。伝説の経営者と呼ばれるハロルド・ジェニーンの自伝で，ユニクロ創業者の柳井正さんが解説を書かれている。柳井さんは本書について，「僕が今日，経営者としてやっていけるのは，『プロフェッショナルマネジャー』から多くのことを学んだからです。いや，人生で一番学んだ本は何か？　と問われても，

この1冊に間違いありません！」と書かれている。

　ジェニーンは，1910年，英国で生まれた。父親の破産により17歳でニューヨーク証券取引所の使い走りとしてキャリアを始め，図書の訪問販売，新聞の広告営業をしながら，7年かけてニューヨーク大学の夜学で会計学を学んだ。25歳で会計事務所に就職し，32歳で事業会社におけるコントローラーのキャリアを開始する。コントローラーおよびCFOとして3社を転職し，48歳でITTの社長兼CEOに就任。1959年からの17年間の在任中に80カ国に所在する350社を買収・合併し，ITTをコングロマリットの代名詞にした。

　柳井さんと同じく，私も『プロフェッショナルマネジャー』から多くのことを学んだ。特に，ジェニーンがコントローラーからCFOに成長していく過程が大変に勉強になった。私もジェニーンのようにCFOの道を究め，経営者になりたいと思った。初めて働いた事業会社を転職する際のジェニーンの以下の言葉は，インテルから転職する決断を後押ししてくれた。

　　「これで最後という晩まで，私は強い迷いと疑いにとらわれていた。それは戦後の私の職らしい職であり，自分の能力に挑戦する責任を伴った，楽しい良い働き場所だった。私は会社の駐車場から，まだ明かりがついている自分の部屋の窓を見上げながら，今からでも引き返すべきではなかろうかという気迷いを覚えた。しかし，引き返すわけにはいかなかった。引き返して，本当にすっきりした気分になることはけっしてない。進もうと決めたら進むのだ。1つの仕事ができたからには，つぎのもっと大きな仕事だって，きっとうまくやれるはずだという信念をもって。もちろん，成功の保証はない。しかし，その後ずっと，自分自身に対して後ろめたい思いをせずに生きたければ，進んでリスクを冒さなくてはならない。」

4　外資系PEファンドが投資する日本企業へ転職

　2005年（45歳）に東証二部上場企業であったディーアンドエムホールディングス株式会社（D&M）へ執行役CFOとして転職した。当時，外資系のPE（Private Equity）ファンドが日本企業の企業再生を目的として活発な投資活動を始めていた。D&Mに入社したその日の午後に，財務部長からD&Mが銀行借入契約の財務制限条項にすでに抵触しており，数カ月先の年度決算で再度，抵触する状況にあることを知らされた。会社の新規事業であるMP3プレー

ヤーのリオ事業が大きな赤字を出していた。AppleのiTunesをベースにした iPodがMP3プレーヤー市場を席捲しており，米国子会社の赤字によって，このまま事業を続けると会社の資金繰りが回らなくなる状況にあった。リオ事業は2年前にPEファンドと会社の経営陣がオーディオのデジタル分野に進出するための新規事業として買収した経緯があり，経営陣がPEファンドに撤退を言い出しにくい状況にあった。

　入社数カ月後に，米国PEファンドが海外で上場したことの祝賀パーティーがあり，来日したPEファンドのオーナーに挨拶する機会を得た。オーナーにD&Mの窮状を直接，訴える好機だと考えた。立食パーティーの会場でオーナーに「インテルは大きな組織だったので，D&Mでは『小さな池の中の大きな魚』として活躍したいです」と自己紹介したら，オーナーに「D&Mもインテルに負けない大きな組織になる」と返された。手短にリオ事業に改善の見込みがなく，撤退の時期が来ていることを話すと，オーナーは「あなたのマインドセットは完全に間違っている。リオ事業には未来がある」と激怒した。2人がすごい勢いで話し合っていると，自分とオーナーの周りをPEファンドのパートナー数人が取り囲んでいるのに気づいた。皆，無言で固唾を飲んで聴いている。2人の会話が終わると，友人だったパートナーの1人から「あなたは本当に危ないことをした。二度としないでくれ」と英語で耳打ちされた。落胆してパーティー会場を去る時に，オーナーが私の顔を見てウインクしてくれたのが救いであった。後日，もう1人のPEファンドの日本人パートナーの方から，「石橋さん，あなたはPEファンド内でオーナーに盾を突いた男と呼ばれていますよ」と言って笑われた。

　パーティーの席でオーナーには思い切り怒られたが，率直にFace to Faceでオーナーに撤退を直訴したことは，結果的に吉と出た。川崎本社で出会った優秀な若手の日本人をリオ事業の本社があるシリコンバレーにリオ事業のコントローラーとして送った。週次で事業進捗会議を開催し，リオ事業からの出血を止めるために事業進捗のコントロールに集中した。リオ事業のコントローラーと緊密に連絡を取って，直近12カ月の利益計画と資金予測を作成した。作成した利益計画と資金予測をもとに，リオ事業を存続させれば赤字が継続し，銀行借入れの継続ができず，会社の存続が危うくなることを関係者に伝え，入社半年後にリオ事業を清算する決定に持ち込むことに成功した。企業再生に臨むCFOとして大きな成果を挙げることができた。

　D&MのCFOとして入社半年後に，インテルで学んだコントローラー制度を
D&M全社で導入した。米国や欧州で新たに買収したブランド事業をD&Mの
事業部の１つとして取り込み，事業部コントローラーを配置して業績管理を
行った。コントローラー制度を導入したことにより，M&Aによる成長戦略を
効果的に実行することができた。３年間の在任中，D&Mの業績は売上高，営
業利益ともに著しく回復し，上場企業として東証二部から一部への指定替えに
成功した。

　2007年（47歳）にジャスダック上場企業であった日本トイザらス株式会社へ
転職した。自分のキャリアのロールモデルは，ジェニーンであった。米国本社
CEOとの面接の際に，「CFOとして会社の成功に貢献した暁にはCEOになる機
会がほしい。その可能性はあるのか？」と尋ねた。その可能性は十分にあると
いう返事をいただき，入社を決めた。

　日本トイザらスは入社した時点で２年続けて赤字を出していた。事業管理・
経理・財務の３つの職能を統括するCFO組織と情報システム部門の責任者と
して入社した。入社して半年後に社長室の一部であった経営企画部門をCFO
組織の中に移管し，CFO組織の一部であった事業管理部門と統合した。2008
年の日本トイザらスの株主優待制度廃止，2010年の日本トイザらスのジャス
ダック証券取引所上場廃止をCFOとして指揮した。約10年間の在職期間中に
担当する職務は，店舗運営，店舗開発，サプライチェーン，物流，法務，電子
商取引，人事へ拡がった。売上高の減少に苦しみながらも徹底したコスト削減
と資産リストラを進め，厳しい事業環境の中で営業利益を増やした。在職期間
後半には，量販店から専門店への移行の取り組みや実店舗とオンラインストア
の融合による成長戦略が奏功し，利益だけでなく売上高を伸ばすことができた。

　日本トイザらスで勤務しながら，２回目のMBA課程として学んだ一橋大学
大学院において，株主優待制度が企業価値に与える影響に関する修士論文をま
とめた。２年間の課程を６年かけて修了した。ジェニーンのようにCEOには
なれなかったが，この６年間は，私の「働きながら学び，学びながら働くキャ
リア」のハイライトになった。

5　CFOというプロフェッションへの想い

　私はCFOというプロフェッション（職業）を自分の天職だと思っている。天
職という言葉には，天賦の才能とか先天的な持って生まれた才能を活かすこと

ができる職業というイメージがあるかもしれない。私にとってCFOというプロフェッション（職業）の魅力は，自分の経験や学習から蓄積した後天的な才能を活かすことができることにある。本来，CFOというポジションは，ある日，突然に会社の都合で就任するようなものではなく，CFOへのキャリアを目指すプロフェッショナルが永年の努力を重ねながら目指すものだと思う。

　自分が信じるCFOのあるべき姿を3行でまとめてみた。

- CFOは単なる経理部門や財務部門の責任者ではない。
- CFOはCEOの真のビジネスパートナーである。
- CFOの役割は，（長期的に）戦略を実行し，（短期的に）業績を上げることにある。

　CFOとして一番大切なマインドセットとスキルセットは，事業会社の事業部レベルで事業部長のビジネスパートナーとしての経験を積むことによって養われる。コントローラー制度を採用している事業会社（主に外資系企業）においてFP&Aマネージャーや事業部コントローラーを経験することは，ビジネスパートナーとしての実務経験を積む最高の機会であり，CFOとしてキャリアを積むために非常に重要である。しかし，プロフェッションとしてのCFOを目指すには，現場で実務経験を積むだけでなく，自己学習によってスキルセットを磨いていくことが必要である。

　米国会計資格では，米国公認会計士のような財務会計関連資格だけでなく，管理会計資格がキャリア形成において有益である。お薦めの管理会計資格には，米国公認管理会計士関連資格（Certified Management Accountant および Certified in Strategy and Competitive Analysis）や米国FP&Aプロフェッショナル関連資格（Certified Corporate Finance Planning & Analysis Professional）がある。CFOにはプロフェッショナルとして，経験と自己学習から学び続ける姿勢が求められる。

CFOの役割と課題

［Ⅰ］ 米国におけるCFO誕生の歴史的背景

1　CFOの役割と背景

　CFOの役割を論ずるにはCFOの定義が明確になっている必要がある。しかし，日本では定義そのものが不明確であることが議論を複雑にしている。

　CFOは米国企業でいち早く取り入れられており，明確な定義とコンセンサスが構成されている。株式市場を中心に戦後経済を組み立ててきた米国では，主要なステークホルダーである株主に対し適切な財務報告を行うとともに，株主の要求を踏まえた経営を遂行する必要性から，財務指標による経営管理手法がいち早く組み込まれた。

　1938年に発生した会計粉飾事件（マッケソン&ロビンス事件）を契機として，公表財務諸表の正確性に対する第一義的責任を企業経営者に要請することとなり，コントローラーの設置が上場企業を中心として広まった（**図表1-1**）。管理会計論は，コントローラーを養成するための会計教育を展開しようとする努力の中から展開されたものでもある。

　コントローラーは，トレジャラーとともに経理・財務の基点で経営に加わり，戦略のPDCAを回す社長の右腕として経営陣の中でも重要なポジションとして位置づけられ，管理会計理論の構築から実践まで産学が一体となったコントローラーの仕組みが構築されていった。

　直接原価計算法や損益分岐点分析などアカデミシャンによる管理会計手法の開発も盛んになり，デュポン社による投資利益公式やGEによる残余価値計算など企業側でも経営管理の実践が盛んに展開されていた。

図表1-1 ■1980年代までの米国式経理・財務部門組織

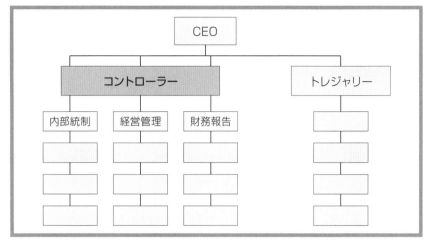

出典：昆政彦作成。

1990年代になると，ファイナンス理論の高度化・精緻化が進み資本コスト概念が企業経営に組み込まれる一方で，企業業績に対する利益やキャッシュの目標値設定と目標達成への要求も高まっていった。一方，財務会計において時価会計が組み込まれ，会計理論の高度化・精緻化が進んだ状況も考慮すると，会計・財務部門での変革が行われたことは当然の帰結でもあった。

2　米国でのFP&A組織

1980年後半から米国各企業では，コントローラーの職務を事業部支援に傾斜して戦略的チームであるFP&A（Financial Planning and Analysis）と外部報告の財務会計を取り仕切る経理部に分割された。そして，トレジャリー（財務部），FP&A，経理部に新たに加わったIR部や税務部をまとめて管轄するCFOの職務が誕生した（**図表1-2**）。

一方，日本では1951年に通産省が奨励したコントローラー部が事業会社で取り入れられた例はほとんどなく，FP&Aと類似した機能を持つ部門は社長室や経営企画室として存在する例が多い。また，日本企業ではFP&Aを持たない形でCFOが設置される例も多く，米国型CFOを目指すと考えた場合には，コントローラー機能から発展したFP&Aへの変遷をとらずにCFOを設置するのは，コントローラー機能の構築と分割のプロセスを飛ばして変革することになるの

図表1-2 ■1990年代の米国式経理・財務部門組織

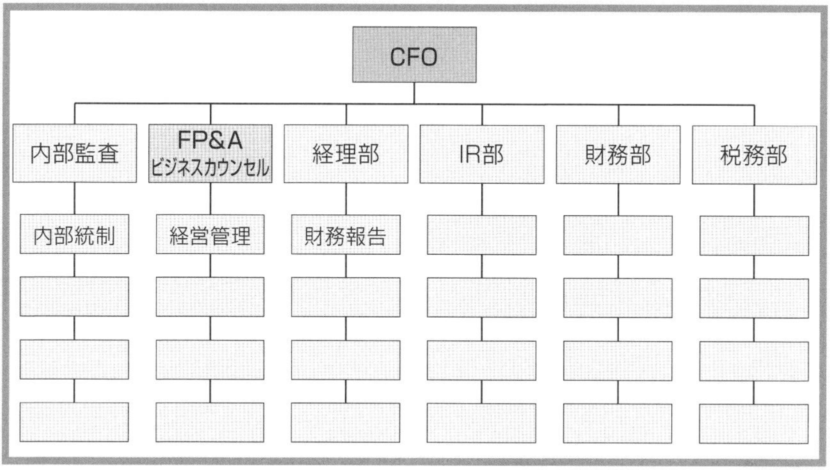

出典：昆政彦作成。

でかなりの難題であることが想像できる。少なくとも，FP&A機能をCFO傘下に持ち込むことが非常に重要であると考えられる。

3　日本の成長モデルとCFO組織

　日本での戦後経済成長を支えたのは，大蔵省・日本銀行・都市銀行が中心的役割を果たした護送船団方式やメインバンクシステムであった。この体制の中では株式市場からの要求を経営に展開する必要はなく，さらに，高度経済成長における企業実績においてバランスシート経営は要求されていなかった。

　さらに，管理会計は，原価計算目的に特化して使用されることが多かったので，経営管理全般を賄う会計理論になっておらず，企業側でも独自の経営管理手法を管理会計には求めていなかったことから，実践者としてのコントローラーの設置の重要性は認識されなかった。

　また，資金関係では，銀行との関係構築が重視されたり，財務担当役員がメインバンクから送り込まれたりする例も多く，財務担当役員が経営執行に食い込むことはできなかったことなどから，1990年代からファイナンス理論を経営に組み込んだ欧米の流れからは取り残された企業経営が遂行されてきたと考えられる。

　しかし，バブル崩壊後の金融体制は企業経営の体制にも大きな変革をもたらした。メインバンクシステムから株式市場への対応，営業利益に金融関連収益とコストを考慮した経常利益管理から資本コストを考慮した目標設定やキャッシュ・マネジメント，複数事業やグローバル展開企業では数値による事業管理の必要性，会計数値のみによる管理からキャッシュ管理との複合管理などの大幅な企業経営管理の改革を受けて日本でもCFO制度を導入する企業は多くなった。

　しかし，先に述べたように米国は50～60年かけて，コントローラー制度の確立と事業支援機能の独立による進化，トレジャリー機能の拡大，IR機能の追加を行ってきている。一方，日本企業が米国式CFOを追求する場合には，米国が歩んできた道を非常に短期間で突き進む必要がある。さらに，米国でも会計の限界やIOT・AIによってCFOや経理・財務に要請されるスキルセットのさらなる進化が求められており，時代の変化に追いつくためにはかなりのスピードでギャップを埋める覚悟が必要と考えられる。

［Ⅱ］ CFOの役割

　世界最先端のCFOに求められている役割を整理していきたい。CFOの持つべき役割（**図表1-3**）は，①企業価値の向上，②会計報告と内部統制，リスク管理，③資金管理と調達，そして④組織管理と企業文化のマネジメントである。

　この中で，第2項目と第3項目については，現状のままで進めるべきものではないが，現在の経理・財務部門の延長線上にある役割である。ここで会計ツールをどのように捉えるべきかが問題になる。Accountingの語源になっているAccountabilityの取り違いが，会計ツールの目的を曖昧にしてしまい，CFOのあるべき姿を間違った方向に導いているかもしれない。

　Accountabilityは「説明責任」のみとして理解していないだろうか。説明責任だけであれば，財務報告書を作成し，目標達成ができなかった場合には，その原因や事実を説明できれば責任は果たしたことになる。Accountabilityには，「執行責任」のみならず「結果責任」の意味もある。したがって，Accountingとは，目標必達のために使われるツールであり，CFOには「結果責任」も伴う。

　できないこと自体が問題となるので，できなかったことを論理的に事実に基

図表1-3 ■CFOの役割

```
1. 企業価値の向上
    ➢戦略設定と実行支援（予算・計算・M&A）
    ➢価値創造プロセスの推進（イノベーション経営）
2. 会計報告と内部統制，リスク管理
    ➢決算業務，税務申告，外部受監査，内部監査
    ➢内部統制，業務効率化，デジタル化
3. 資金管理と調達
    ➢ファイナンスとトレジャリー管理（投資・資本コスト経営管理）
    ➢IRとステークホルダー・マネジメント（統合報告書）
4. 組織管理と企業文化のマネジメント
    ➢CFO組織の構築と人財育成
    ➢企業文化構築：財務目標志向と不正を許さない規律
```

出典：昆政彦作成。

づいて説明したとしても責任を全うしたことにはならない。CFOが意識すべきことは，全面的に事業責任を負う社長に寄り添って経営の舵を取る以上，「説明責任」だけにとどまることは許されないことであり，「執行責任」を共有しなければ社長からの参謀としての信頼を得ることはできないだろう。したがって，会計ツールを使う目的はいかにして財務目標を達成することができるのかを考えるためであり，このことがCFOの一番重要な役割である企業価値向上の基本である。

また，企業文化のマネジメントは，人事のみの役割と思われがちであるが，CFOとしても取り込みたい。

ビジョン・ミッション・バリューを用いながら，企業の目指すべき方向性を考える（**図表1-4**）。

企業が定めたセグメントにおいて，顧客や社会がどのような状態になるべきか，課題がある場合には，どのように改善されるべきかを描いたものがビジョンである。主体は，あくまで社会であり，住民である。

一方，ミッションを規定することにより，社会がビジョンで描いた姿になるために，その企業は使命として何をすべきかを明確化する。企業がミッションを達成するために，重視している価値観や行動指針を明示して，全従業員が同じベクトルに向かって動く指針とする。企業により，言語の使い方は異なるものの，基本的な骨組みは同じである。

図表 1 - 4 ■ Vison-Mission-Value

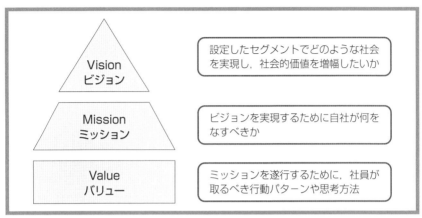

出典：昆政彦作成。

　ここで，CFOとして気に兼ねなければならないことは，ビジョン・ミッション・バリューのピラミッドに財務的目標の達成が組み込まれているかである。株主資本主義経済を中心に置いてきた米国企業では，株主に対する財務目標達成と社内の経営管理による財務目標達成の同期をとり，社員にも財務目標達成の意識づけを徹底して行っている。

　一方，日本企業では，従業員に対する意識づけが，先ほどのビジョン・ミッション・バリューで，明確にされていない例も散見される。財務目標達成を志向していない組織をCFOとして引っ張ることは大変難しい。どんなに精緻に構築された経営管理システムを導入しても，財務目標達成に向かっていない組織をCFOとしてリードしたり，サポートしたりするのは至難の業である。組織を財務目標に向かわせる文化を構築することはCFOとして重要な役割である。

　企業文化の観点からは，CFOは不正を許さない文化構築にも寄与しなければならない。不正を防ぐ文化構築で，まず意識しなければならないことは，日本にはパブリックの概念が弱いことである。

　社会には，プライベートとパブリックの概念があり，一方で，所有と存在の概念がある。プライベートは所有概念の下で組み立てられる世界で，パブリックは存在を基軸概念にしている。パブリックは，社会の参加者全員であり，特定の個人よりも社会全体のフレームで物事を見ている。プライベートである企

業や個人はパブリックを構成する一員でしかない。

　また，従業員は個人をして企業に対して対等である。もっとも，企業は従業員の集合体なので企業としての存在力は個人よりも弱くなることもある。たとえば，米国では，地域ボランティア活動などに企業が関与していても，企業名は出さず，もしくは，ボランティア活動用の別名称を使いながら従業員の個人活動の色彩を強く出したりしている。

　一方，パブリックの概念が弱い日本では，プライベートがパブリックを凌駕することも生じている。企業のブランドを守るとの名目の下で，パブリックで決められた法律やルールを破ってまでも実行された不正の例は枚挙に暇がない。プライベートは，パブリックを超えることはなく，パブリックの概念をしっかりと植え込み不正を許さない文化構築を行うこともCFOの大切な役割である。

　第2章から第5章で，CFOの役割の4項目について事例紹介も含めながら詳細に解説していく。

　CFOが自身の役割を果たすことができるには，本質的にどんな要素が必要でしょうか？　スキルが十分に備わっているというのはもちろん重要なことですが，それだけで十分でしょうか？

　スキルというのはもちろん重要な要素ではありますが，それ以上に重要なことがあります。それは，CEOと良い関係性を築いていることです。ここでいう「良い関係」について掘り下げてみたいと思います。

　CEOとCFOとの関係は，もちろんCEOが上司であり，人事権を持っています。ただし，CFOの仕事はCEOのために，CEOの望むことを実現するというほど単純な仕事ではありません。時にはCFOとしての矜持を持ち，株主の立場に立ってCEOと意見が相反するような苦言を言う場面もあります。こうした時に，少なくとも議論をして擦り合わせをしていけるような関係性が重要です。こうした関係は一朝一夕にできるものではありませんが，CEOがCFOの意見を真摯に受け止める土壌がなければ，健全な企業経営から遠ざかっていくことになります。

　では，こうした関係性はどのような場合に成立しうるのか考えてみます。

(1)　株主の立場からの派遣

　親会社が存在し，CFOが親会社の身分から派遣されている場合は，CEOは人事権を持っている親会社から派遣されているCFOの意見は尊重せざるを得ません。親会社としても，ガバナンスの観点からCFOを派遣するケースは一般的です。

　筆者（大矢）はクレオでCFOを務めましたが，親会社であるヤフーの身分で携わったので，このケースに該当します。この場合においては健全にものが言える関係を築くのは比較的容易ではありますが，多くの場合，CEOだけでなく，事業担当役員などプロパーの幹部から親会社出身の人間ということで警戒されます。警戒されてしまうと関係性以前に情報が表面的になってしまい，本来の役割を果たすことができなくなります。

　こうしたことにならないためには，親会社の利益よりもその会社にとって最善なことは何か，という視点で職務にあたる必要があります。親会社の方ばかりを向いているといつまで経っても信頼されませんし，それは本来のCFOの

職務から外れてきます。あくまでも企業価値の最大化を通じてすべてのステークホルダーを満足させる姿勢を貫くことが重要で，その姿勢が見えればCEOやプロパーの幹部，親会社からも信頼され，良いバランスを保つことができると考えられます。

⑵　財務規律を重視する状況の場合

　CEOが業績に大きな関心を持っている場合には，CFOは役割として機能しやすいと言えます。CEOのスタンスは重要で，もちろん会社と事業の成長を目指しているわけですが，短期的な業績と長期的な成長とのバランスへの配慮は人によってまちまちに見えます。誰もが両方大切であるということを言いますが，バランスを取ることに対しての執念に差があります。

　筆者は，会社というものは多くの人々の中で生かされている存在なので，あまり極端なことをするのはリスクが高すぎると思っています。この点についてCEOが理解を示し，自らができない部分をCFOに権限委譲するということを意識的にしていれば，相互理解の下で良い関係性が築けると考えられます。

　権限委譲としては，一定規模以上の投資や予算編成に関して拒否権を持つことが1つのやり方です。CEOの理解と信頼がなければこうしたことはできませんが，最終的には会社の成長を目指しているというベクトルの一致があれば可能です。

　筆者はヤフーのCFOを務めていましたが，このような形でやっていました。これは当時のCEOと筆者の関係性というよりも，先代の社長が作り上げてきた企業文化として財務規律を重視するということを踏襲したものです。これはヤフーが安定的に高成長を続けられた大きな要因だと思っています。大きな投資や年次予算はCFOの承認がなければ実行できないため，権限も責任も大きなものでした。

　単にリスクを重視して反対していては関所のようになってしまいますから，まさに経営者としての判断をその都度行う必要があります。当然，CEOや事業担当役員はその所作を見ていますから，経営者としての重みのある考えで言動しているか，立場上のポジショントークなのかは容易に見透かされます。

　こうした議論の場で，事業の知見は可能な限り勉強する必要がありますが，専業で従事している事業担当役員のレベルには敵いません。自分の意見を主張する場合，心がけていたのは，自分自身の主張のロジックがどれだけ骨太で明

解で，多くの人が納得するような理由に基づいているか，ということです。ロジックがシンプルで骨太であるほど，説得力があります。真剣で緊迫した議論を何度となく経ることで，徐々に雰囲気や関係性が構築されていくのです。

⑶ 構造改革フェーズの場合

　財務規律を重視する状況のもう１つのケースとなりますが，会社が構造改革の状況にある場合には，CFOは役割として機能しやすいのです。会社が成長している状況よりも，ダウントレンドでコストにシビアな局面の方が必然的にCFOの役割は大きくなります。

　CEOは常に前向きなメッセージを発信し，CFOが汚れ役となって諸々の施策を実行するという役割分担はうまく機能すると考えられます。事業単位のコスト施策を超えた事業再編や人員のリストラはCFOが重要な役割を担う部分です。また，ダウントレンドの局面では会社全体が利益に対して格段にシビアとなるので，管理会計をはじめとする管理体制の強化というものはコンセンサスを得やすく，整備しやすいと言えます。会社は一本調子で成長し続けることはなく，ダウントレンドと成長を繰り返していくため，局面を捉えて役割を果たしていくと良いです。

　現在，筆者がCFOを務めているグリーは2012年頃まではソーシャルネットワークのプラットフォームサービスが爆発的に成長し，数百億円の利益を出していましたが，その後インターネットサービスの主体がスマートフォンに移行したことからスマホのアプリゲームに事業をシフトしました。その過程で急激なダウンサイジングを行い，希望退職で人員も減らし，海外拠点を閉鎖しました。非常に厳しい局面であったのは間違いないのですが，この時期に管理会計の精度が飛躍的に高まりました。それまでゲームのプロジェクト単位の損益が把握できていなかったのですが，外部から人材を招聘して一気にレベルの高い管理会計を構築しました。構築した責任者の貢献はもちろん大きいのですが，会社全体として，管理会計をきちんとしていかないと会社が危ういという危機感があったのは大きな追い風であったと言えます。

CFOの企業価値向上機能

［I］ CFOと企業価値

1　CFOと企業価値

　CFOの役割と課題の最大項目は企業価値向上である。企業価値向上支援が日本企業の経理・財務における現在の役割の中で最も弱い機能であり，FP&A構築において米国企業と大きく異なる点でもある。

　経理・財務業務担当役員とCFOの違いは，Accountingの語源となっているAccountabilityの日本語訳にみることができる。多くの経理・財務業務担当責任者は，他人事としての説明のみで満足している傾向がみられる。企業価値向上に対する役割に関しては，形式的な組織や職務分掌を記載するだけにとどまらず，意識改革も大きな課題となってくるだろう。

　CFOが企業価値向上に責任ある経営を実行するために必要なことは，外部環境分析，戦略設定のプロセスに関与して，設定された戦略の実行状況を経営管理会計として開発されたツールを通じてモニタリングする仕組みの構築である。そして，CFO組織の中に，この機能を支える部門の設定が必須となる。この部門で求められるスキルと経験は経理部や財務部とは明らかに異なるので，この役割を経理部や財務部に追加的に付加するのではなく，新たに設置すべきであろう。

　米国企業において，コントローラーが外部報告機能，内部監査機能，事業支援機能に分割された時に，新たに設置されたのがFP&A部門である。日本では，FP&Aに該当する部門は経理・財務部門には存在していないが，一方で，戦略設定支援として経営企画や社長室が財務・経営担当役員もしくはCFOとは異

なる役員の傘下で設置されている例が非常に多い。この状況の中で，CFO傘下に，新たにFP&Aを設置するのは経営効率上好ましくないことは明らかであり，役員間での調整を要する課題は残るであろう。

　FP&Aの機能を補完するために，経営管理会計の仕組みも構築する必要がある。米国企業の例でみると，GEではマーケット・メーカー，３Mではコントリブーション<u>PL</u>など，財務会計とは違った基準と思想で開発された業績管理ツールで業績モニタリングを行っている。また，価値創造プロセスやイノベーション経営では，知的資産の理解，把握，モニタリングが必要になるが，知的資産には数値管理ができない項目もあり，イノベーション活動や非財務情報でもある人的資本，関係資本，知的資本などが該当する。数値管理ができる知的資産はKPIを設定し目標管理を導入し，数値管理ができないものなどは間接的KPIや独自の仕組みを構築する必要があるが，原則は財務会計にとらわれないことが重要で，財管一致を求める場合であっても最後の本社連結ベースでの財管一致ができれば，求められている要請には十分である。

2　価値創造プロセス

　CFOが企業価値向上に責任ある経営を実行するために重要なことは，自社の価値創造プロセスを理解して価値創造，もしくはイノベーションの推進へ関与することである。企業が持続可能な経営を続けるためには，社会的価値を継続的に向上もしくは改善させるアウトプットを出し続ける必要があり，各企業には価値創造ビジネスモデルが存在する。

　CFOは，財務数値のモニタリングを行うだけでは，価値創造ビジネスモデルが適切に機能しているかの判断は難しい。時間軸での違いがあることのみならず，価値を生み出す非財務資産の掌握も必要であり，間接的に財務数字に結びつく経営資源も存在する。また，イノベーション活動が価値創造ビジネスモデルの中心である場合も多い。CFOや数値管理が，イノベーション活動に関与するとイノベーションのアイデアを潰すとの指摘もあるが，イノベーション活動を正しく理解しないと，この指摘は大きな間違いを引き起こす。

　社会におけるイノベーションは，知の検索を行うイマジネーション活動と，アイデアを実際に製品やサービスに展開して経済活動に結びつける事業におけるイノベーション活動の二段階に分けられる。イマジネーションの活動に数値管理を入れるとアイデアが潰されるのは事実である。しかし，事業におけるイ

ノベーション活動にCFOが関与しなければ，創造された社会的価値に対する
報酬を適切に受け取ることが難しくなる。

3　イノベーションとイマジネーション

　企業の価値を高める上で重要な活動はイノベーションである。しかし，イノ
ベーションの意味が曖昧で，時としてCFOや経理・財務が関わるとイノベー
ションを殺してしまうといわれることもある。このコメントは，明らかに事業
におけるイノベーションを履き違えていることからくる誤解である。

　広義におけるイノベーション，もしくは社会におけるイノベーションでは，
一般のイノベーションの定義である「アイデア・手法，またその導入。それま
でのモノ・仕組みなどに対して全く新しい技術や考え方を取り入れて新たな価
値を生み出して社会的に大きな変化を起こす」が当てはまる。

　ここでは，新しい価値が必ずしも貨幣価値で測定されるとは限らない。ノー
ベル賞受賞対象の新技術などは典型的な例である。新発見や，今までネックに
なっていた障害の克服が可能になる技術の確立は，社会的な大きな変化を予見
することができるレベルに持ち込まれたことを意味する。しかし，新技術の事
業化プロセスを経なければ，便益の享受者が新たな価値に金銭を支払うことは
ありえない。この段階の活動は，事業におけるイマジネーション活動と呼ぶべ
きだろう。そして，最後にお金に換えることができるモノ・仕組を事業にお
けるイノベーションと定義したい。

　もちろん，イマジネーションは非常に重要なプロセスであり，イマジネー
ションプロセスがなければ，事業におけるイノベーションは起こらない。さら
に，イマジネーションのプロセスには，CFOや経理・財務は深く関わっては
いけない。関わるとしても，イマジネーションが活性化させるような場を提供
することにとどめるべきだろう。

　一方，事業におけるイノベーションの過程に入った新たなモノ・仕組みの事
業化推進にはCFOおよび経理・財務部門の深い関与が必要だ。いち早く事業
化し，資本コストを考慮した価格決定や財務指標への組み込みなどに対してス
ピード感を持って突き進むことは，CFOや経理・財務の最も得意な分野である
べきだ。

　ここで気をつけるべきことは，イマジネーションとイノベーションのバラン
スである。関与できないからとは言え，イマジネーションばかりに活動を集中

させると，特許を取得した技術は山ほどあるが一向に売上げに結びつかない宝の持ち腐れ状態に陥ってしまう。一方，イマジネーション活動を持たずに，事業におけるイノベーションばかりに集中するとアイデアが枯渇し，新製品であるが利益のまったく取れない低付加価値製品ばかり並んでしまう。イマジネーションと事業におけるイノベーションのバランスをしっかり見極めるのもCFOの大切な責務であろう。

［Ⅱ］ 企業価値と分類・測定アプローチ

1 企業価値とは

　企業価値の測定で，一般的に合意されている唯一の方法が時価総額，もしくは株価である。時価総額は，ファイナンス理論的には，将来のキャッシュフロー累計額の現在価値で測定される。しかし，価値の定義からは正しくない。

　価値はそれぞれの人が持つ個別の判断基準である価値観によって測定されるものである。また，必ずしも貨幣価値で測定できるものではなく，同じ対象物であっても人により価値は異なってくる。一方の価格は，貨幣で表された商品やサービスの交換価額である。したがって，少なくとも当事者同士では，価格は一致する。また，広く一般でも同じ金額で表示・評価される場合が多い。

　物々交換の世界で物やサービスの交換が行われるためには，買い手と売り手の価値観の違いから来る価値の相違が必要になる。買い手は価値が価格よりも高いことと認識し，売り手は価値が価格より低いと認識したときに取引は成立する。つまり，価格と価値は異なることになる。貨幣が媒介するに至っても，価値と価格の関係は同じであり，貨幣が介在するので，その画一的傾向は強まっていく。この概念において，時価総額は価格である。

　たとえば，株式を売買する当事者同士が合意した評価金額である。買い手の立場で考えた場合に，株価は自身の考える価値より安いとの判断により購買の意思決定を行っている。株式市場の原理からすると，全市場参加者が長期の企業価値のみに注目してしまうと売買が寄り付かなくなり，株価が確定できなくなる。したがって，過去情報だけで価値を判定したり，短期志向での売買を行う投資家は市場構成上，必要なプレイヤーとなる。

　一方，CFOが企業経営者として考えなければならないことは，長期視点で

の企業価値を持続的に上昇させることである。このときに，企業価格である株価をいかに上昇させるかのみに眼を向けたり，短期志向の投資家のみに迎合したりすると正しい経営への支援ができなくなる。

　ROE経営においても，長期的な視点でROEを指標に使えば正しい指標となるが，短期的指標にROEを使えば，過度のレバレッジ指標向上施策に走って企業の倒産リスクを高めたり，将来への投資を阻害したりしてしまう可能性がある。CFOが目指す経営においては，企業価値をいかに長期的に高めるかを重視すべきであろう。

2　企業価値の分類・測定とは

　企業経営における企業価値は，財務資本のみで構成され，会計理論でバランスシートに取り込める項目のみで測定する資本である。この財務資本に非財務資本を加えた概念が知的資産経営として提唱されているものである。

　財務資本と知的資産経営は，あくまで企業（プライベート）が所有する資産に対する評価が基本的な考え方である。統合思考経営は，知的資産経営に社会（パブリック）での資本への寄与を考慮した思想であり，企業価値も社会価値への寄与部分も構成要素となる。

図表2-1 ■IIRC-オクトパスモデル

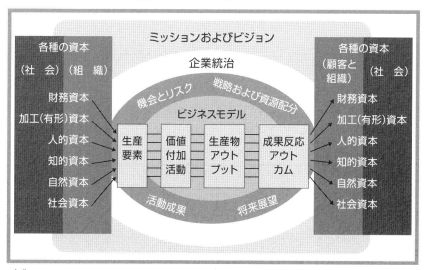

出典：IIRC <IR>Framework Consultation Draft（Feb.12 Version），p13.

　統合報告書のフレームワークを設定したIIRC（International Integrated Reporting Counsel）の統合思考では，社会価値を6つの資本（財務資本，人工資本，人的資本，知的資本，自然資本，社会資本）に整理して，企業活動としてのアウトプットを通じて，企業活動の結果としてのアウトカム，つまり社会価値がどのように変化したかを考慮した経営を提唱し，外部への報告にも用いるフレームワークであるオクトパス・モデルも提示している（**図表2-1**）。

　非財務資産の表現方法を会計アプローチ，時価総額アプローチ，社会価値アプローチにて検証していく。**図表2-2**は，すべての資本概念を財務資本，非財務資本，社会価値に分類したものである。CFOは，それぞれの基本概念とそれらの内容を理解して，企業経営と外部公表のそれぞれにおいて適切に取り扱うべきである。

図表2-2 ■企業経営に関する資本

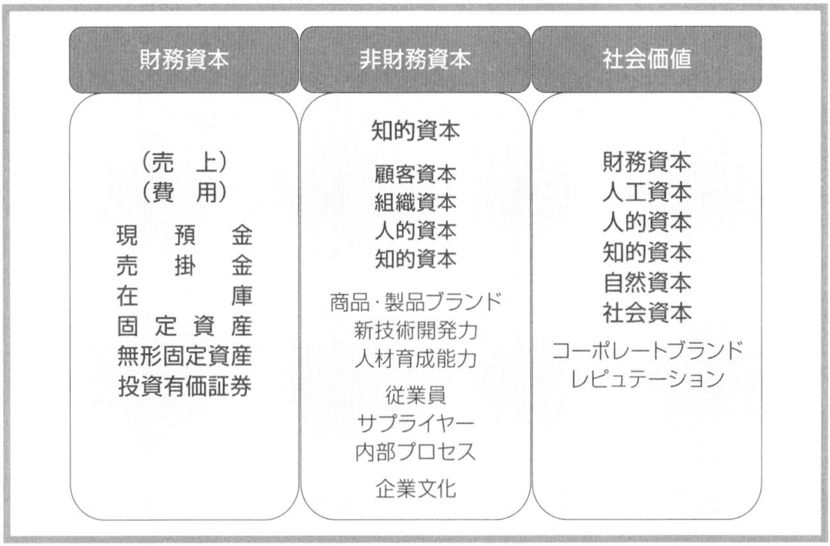

財務資本	非財務資本	社会価値
（売　上） （費　用） 現　預　金 売　掛　金 在　　　庫 固　定　資　産 無形固定資産 投資有価証券	知的資本 顧客資本 組織資本 人的資本 知的資本 商品・製品ブランド 新技術開発力 人材育成能力 従業員 サプライヤー 内部プロセス 企業文化	財務資本 人工資本 人的資本 知的資本 自然資本 社会資本 コーポレートブランド レピュテーション

出典：昆政彦作成。

3　企業価値の分類・測定①　会計アプローチ

　会計アプローチでの企業価値はバランスシートの資本の部の金額であるが，資産に載る営業権（暖簾）が大きな論点となる。営業権は，企業買収時に会計上の企業価値を超える金額を対価として支払った時に発生する。非財務資産の

価値を認めて金額が決定されたものであるが，内容の区分を検討する必要がある。

　第1の項目は，時価測定などで評価額の再評価により支払金額が変更された場合に生じたものである。時価会計上は，会計の概念のなかで処理できるものである。

　第2の項目は，権利など金銭にて価値の測定ができるものや将来のキャッシュ獲得に寄与することがほぼ確定している内容のもので，商標権，特許権，顧客関係，競合禁止条項などである。金銭価値で測定はできるものの自己創造暖簾項目でもあるので，M&Aを通じてのみ資産に計上され，企業価値を構成する。

　第3の項目は，将来のキャッシュフロー獲得に貢献することが期待できるが，間接的であることなどから明確な金額測定が難しいものである。経営者の能力，技術開発力，追加の営業力などの項目であり，M&Aではそれなりの評価を買収価格に織り込むことが多い。しかし，この項目は会計的には組み込む概念がないため，期間償却や減損処理で対処するべき項目である。

　第4の項目は，少し面倒な項目で基本的には上記の3項目のどれにも当ては

図表2-3 ■企業経営に関する資本—会計アプローチ

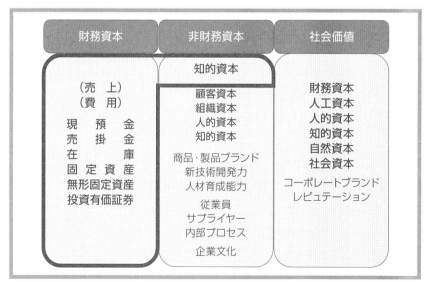

出典：昆政彦作成。

まらないが，金額を釣り上げたものである。競合が買収しないための防護的M&A，最終決定者等が買う意思決定への心理学上のアンカーリングによるものなどが該当する。追加的キャッシュフローの根拠はないので，即座に経費処理すべきもので資産計上して企業価値を構築するものではない。企業経営に関する資本の整理表では，営業権が資産計上されている場合には，財務資本に非財務資本と社会価値の一部を取り込んだ形になっている。したがって，非財務資本を活用した経営には向いていない評価手法である。

4　企業価値の分類・測定②　時価総額アプローチ

　財務資本に非財務資本を加えた知的資本経営理論は，レイフ・エドヴィンソン教授が提唱したものである。非財務資本を知的資本と定義し，顧客資本，組織資本，人的資本の３つの資本を知的資本の構成要素とした。

図表 2 - 4 ■知的資本概念

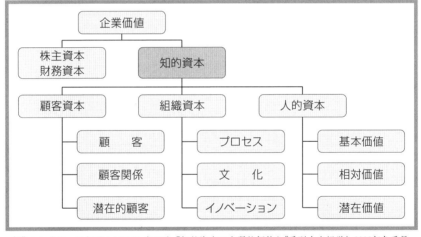

出典：レイフ・エドヴィンソン（2003）「知的資本の本質的価値」『季刊未来経営』2003年冬季号，p.27より作成。

　顧客資本は，現在の顧客層そのものに価値を見出すのみならず，顧客との関係の程度で価値の差があることを示している。さらに，将来顧客となってくれる可能性のある人や企業の大きさも価値の測定対象としている。

　次に，組織資本であるが，プロセスに価値を見出している。典型的な例がトヨタのカンバンシステムであろう。同じ製造設備を使いながら，製造コストや

品質で大きな差があるのは，製造設備が持つ性能の違いではなく，使うプロセスの違いから生じるもので，プロセスにも価値を認めるものである。高尚な文化そのものにも価値があり，全従業員が全力を尽くすことや実績に報いながらハードルは下げない企業文化を構築している企業は強いので企業価値も高くなる。イノベーションを育み続ける組織の構築も容易なものではない。

　人的資本は，現在の従業員のスキルセットの総和を基本価値としている。相対価値は，社外における同種の職務従事者における比較上でのスキルセットの価値である。また，潜在価値は，将来新たに習得することが見込まれるスキルセットや経験を示している。

　知的資産経営における企業価値の測定は，時価総額アプローチにより行うのが，現在の測定方法の中では最適であるが，すべての価値をとらえていないことも考慮すべきである。株式市場における時価総額は，財務諸表で測定可能な価値は全体の20%以下であることが指摘されている。

　非財務資本として測定される残りの部分は，レイフ・エドヴィンソン教授が指摘した知的資本であり，企業の持つ資本を包括的に示したものであるので，時価総額アプローチではこのうち金銭的に評価されているものだけで構築され

図表2-5 ■ 企業経営に関する資本―時価総額アプローチ

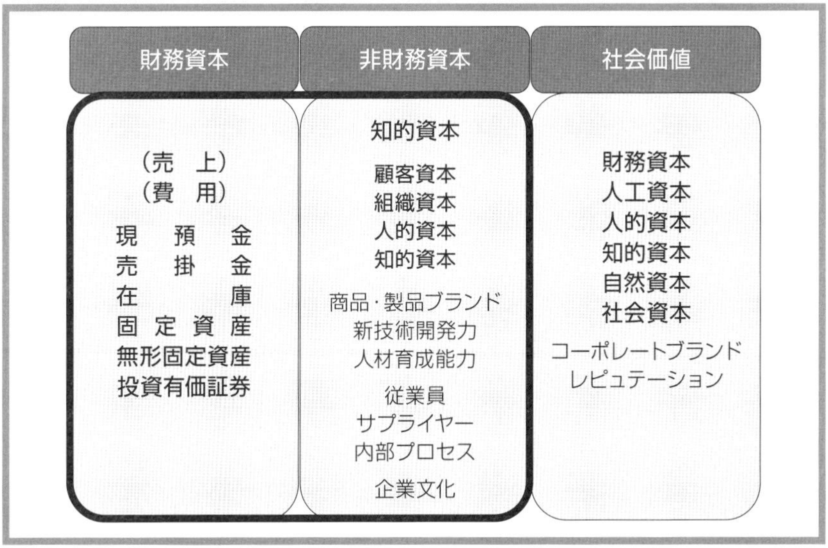

財務資本	非財務資本	社会価値
（売　上） （費　用） 現　預　金 売　掛　金 在　　　庫 固　定　資　産 無形固定資産 投資有価証券	知的資本 顧客資本 組織資本 人的資本 知的資本 商品・製品ブランド 新技術開発力 人材育成能力 従業員 サプライヤー 内部プロセス 企業文化	財務資本 人工資本 人的資本 知的資本 自然資本 社会資本 コーポレートブランド レピュテーション

出典：昆政彦作成。

ている。

　組織資本の技術開発力や人的資本の経営力などは，能力そのものに価値がある。しかし，時価総額は，技術開発力によって開発が成功した製品やサービスが生み出すキャッシュのみを取り込んでいる。また，イノベーションには失敗は付き物で，失敗の経験の積み重ね自体にイノベーションとしての価値があるが，時価総額には取り込まれていないと考えるのが妥当であろう。したがって，時価総額は，知的資産経営の資本の大部分を取り込んでいるが，すべてではないことを理解したうえで，経営に生かしていくことが必要である。

5　企業価値の分類・測定③　社会価値アプローチ

　最後に，IIRCが提唱している統合思考では，社会価値を，財務資本，人工資本，人的資本，知的資本，自然資本，社会資本の6つの資本で表現している。社会価値は，企業（プライベート）における価値ではなく，社会（パブリック）における価値を表現している。社会における資本を企業に投資して，企業の立場では使用して，価値創造ビジネスモデルにてアウトプットとしての製品やサービスを社会へ提供する。製品やサービスの利用者や社会におけるステーク

図表2-6 ■企業経営に関する資本―社会価値アプローチ

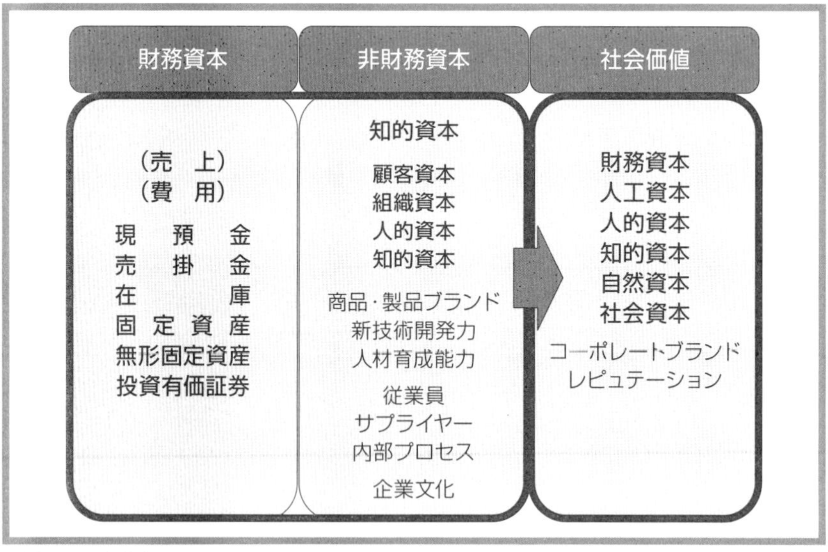

出典：昆政彦作成。

ホルダーにとっての価値が上がる状態をアウトカムと表現している。アウトカムは，必ずしも企業に直接関与するものではないので，社会価値の増加分を企業価値に含めて表現する手法は存在しない。

　しかし，統合思考の概念では，企業が貢献していることを認め，統合報告書としてステークホルダーに発信することも求めている。

　今後，CFOは，投資を社会全体の資本を使っていること，アウトカムの掌握や測定方法を考え出すこと，そして，全体の流れの中心が価値創造プロセスでつながっていることを理解しながら企業経営に当たることが必要である。

44

| 事例紹介2 | インターネット産業での価値創造プロセス | （大矢俊樹） |

(1) インターネット産業の推移

　BtoCのインターネットサービスは1990年代以降，たくさんのものができました。産業の流れを最初に簡単に触れておきます。

　最初に，ヤフーのようなポータルサイトや情報提供サイトが数多く生まれました。今まで膨大な労力をかけて図書館などで情報を探索していたものが，検索をすれば入手できるというのは画期的なもので，筆者（大矢）も初めて出会った時には衝撃を受けました。

　次いでアマゾンや楽天のようなECサービスが登場しました。こちらも消費者と物の売り手に大きな革新をもたらしました。今まで探すのが困難だったものが簡単に見つかり，自分の家に翌日から数日で届くような世界になりました。買い手を見つけるのに店を構えたり宣伝をしたりしなければならなかったのが，店舗を構えなくても全国のユーザーに物が売れる時代になりました。

　次に，ブログサービスやFacebookやTwitterのようなソーシャルネットワークのサービスの大きな潮流がありました。今まで，個人で広く情報発信をしようとしても手段は非常に限られていました。また，最初は個人の情報発信は匿名のサービスが主流でした。実名をインターネット上に晒すのは危険という考えが根底にあることは間違ってはいません。

　ただ，その結果，質の悪い情報や誹謗中傷などが絶えず，インターネットの情報そのものが信頼できないという世間の雰囲気につながっていました。実名でのコミュニケーションサービスにより個人としての発信が簡単にリアルタイムにできるようになり，かつ実名での責任ある発言のため匿名サービスよりも信頼できる情報が多くなりました。一般の人の声の大きな潮流を作るきっかけにも使われ，「アラブの春」など国を動かすような出来事にもつながりました。

　2019年現在，動画系のサービスやフィンテック，モバイルペイメントサービスなどが大きな存在感を示しています。キャッシュレス決済はここ数年で大きく進展し，お金を払う動作の煩わしさを減らしてくれるでしょう。また，シェアリングエコノミー系のサービスもだいぶ浸透してきており，Uberなどはすでに海外においてはインフラとなりつつあります。使われていなかった車や家などの稼働率が上がります。

　また，AIやIOTなどの技術革新が急激な勢いで進み，2045年には人口知能

が人間の脳を超えるシンギュラリティ（技術的特異点）という状況を迎えると言われています。今まで人間にしかできなかったことの多くはITの力で実現できるようになると思われ，IT産業はまだまだ成長していく産業と言えます。

(2)　プロダクトのイノベーション

　新しいプロダクトやサービスの作られ方について見ていきます。

①　タイムマシン型サービス

　インターネットビジネスの場合，海外で先行する事例が多くあります。元々ヤフーもアメリカで始まったサービスをローカライズしたものですし，今非常に勢いのあるモバイルペイメントのサービスは中国のアリババやテンセントのサービスをかなり真似ています。数年に一度は先述の流れの中で説明したような新しいサービスが生まれていますが，全くの新規サービスを創造するというのは，特にインターネットがかなり広まった今の状況では中々難しいものがあります。したがって，イノベーションの原型は模倣に始まる場合が多いのです。

　ただ，そのサービスが受け入れられるかどうかは国による状況の違いがあります。インターネットの事業の場合は既存のリアルビジネスの市場の一部をより効率的にすることで置き換えていく場合が多いものです。リアルビジネスの中にある商流や慣習，規制，消費者心理などは予想以上に大きく，効率的だからと言ってすぐに置き換わるわけではありません。

　たとえばインターネット広告は今ではテレビ広告に匹敵する規模になっていますが，ここまで来るのに20年以上の時間が経っています。安く，ターゲティングが利くインターネット広告の市場はもっと速く拡大してもおかしくないのですが，消費者の広告に対する信頼性や広告主のインターネット広告への理解度，社会のインターネットへの信頼などはゆっくり醸成されていくものです。

　インターネットビジネスでの失敗でよくあるのは，海外の先端事例を参考にいち早くサービスを作ったのにうまくいかない，という現象です。早すぎてうまくいかず，撤退した後に他の会社が数年後に成功するという話はよく聞きます。

②　オープンイノベーション

　インターネットビジネスの大きな特徴としては，インターネットが「オープ

ン」な思想であるということが挙げられます。マッシュアップという言葉は今から10年前くらいに流行った言葉ですが，これはWebサービスとWebサービスを掛け合わせて新しいサービスを作り出すことです。

　大手のインターネットサービスの事業者は自社のサービスを改善するために自分らで改善や開発をするのはもちろんのこと，外部の開発者にサービスの表面（API）を公開し，外部の開発者が作るものによってより付加価値の高いサービス群にしていくということを日常的に行っています。また，地図や路線検索，郵便番号など膨大なデータを必要とするサービスの事業者は，無料もしくは有料でこれらのサービスを他のインターネットサービスの中で利用できるようにしています。

　こうしたインターネットのオープン性によって，インターネットサービスは非常に手軽に，大きな資本を必要とせずに始められる特性を持っています。

　③　ユーザーによる進化

　インターネットサービスの成功において非常に重要な点は，多くのユーザーを集めること，たくさんの人が使ってくれるサービスを作ることです。

　多くの場合，ユーザーは無料でサービスを利用することができます。多くのサービスが世の中にある中でユーザーに選んで使ってもらうには，やはりサービスのクオリティが重要となります。広告宣伝をかけるという手段もありますが，最初のきっかけは広告であったとしても，サービスが面白くなければユーザーは二度と使うことはありません。インターネットサービスはユーザーの支持が成功を決めます。

　ユーザーに受け入れられるかどうかは市場性，事前の仮説検証などを入念に行う必要はありますが，すべて事前にわかるわけではありません。よって，サービスを世の中に出す場合に重要なのは，サービスはユーザーによって進化していくという特性を理解することです。いち早く市場に投入し，ユーザーからのフィードバックを受け高速で改善し，それを繰り返していくことが重要です。

　インターネットサービスはユーザー数が十分に集まるまではビジネスとして採算が取れない場合がほとんどですが，逆にいうと多くのユーザーを集めたサービスは後に広告にしても何にしてもマネタイズが必ずできます。

　たとえば，検索というサービスは最初出てきた時には多くのユーザーが便利

で使うものでしたが，直接的に収益にするのが難しいサービスでした。ただ，次第に各事業者が検索広告というマネタイズの手法を生み出したことで，一躍大きな収益を生み出すサービスとなりました。

　また，スマートフォンにインターネットの利用の主体が移った時も，最初は画面の小さいスマートフォンでどうやってマネタイズするのかが課題でした。しかし，スマホでの利用は増え続けました。今は縦に画面がスクロールするタイムライン型のコンテンツが主流となり，広告で十分に収益化ができるようになりました。ユーザー数さえ集めていれば最後のマネタイズは何とかなるものです。

(3)　技術イノベーション

　インターネット企業はテクノロジーを武器にして事業を成長させます。成長のドライバーとなる技術についての進化はどのように行われているかを見てみます。

①　インターネット企業の研究開発

　筆者（大矢）がヤフーのCFOだった時に，研究開発の体制はいかにあるべきかを真剣に検討したことがありました。当時のヤフーにも研究所部門はあり，機械学習や日本語処理技術，画像や音声認識などの研究を行っていました。非常に精鋭の部隊で運営されており，事業側とは独立して運営されていました。

　研究開発機能を持つ会社の経営者であれば必ずある悩みですが，どのようにして事業に研究成果を結びつけるか，事業と研究開発部門との関係はどのような形が望ましいのかについて悩みました。事業側にも技術者はいるわけですが，日々の事業と収益を支える仕事に奔走し，短期的な貢献が見込めない活動は評価されにくい傾向にあります。短期と長期を埋めるような取り組みが必要なのではないかと思ったものです。

　この課題を解決するため，いくつか実際の企業の研究開発部門のトップの方にお話を伺いました。イノベーションを多く生み出しているアメリカの企業がよいだろうということで，重厚長大なGEやIBM，PayPalやLinkedinといったインターネット企業のメガベンチャーの研究開発体制のお話を聞きました。

　GEやIBMは歴史もあり，基礎研究から応用研究まで非常にシステマティックにやられていましたが，流石にレベル感が違い過ぎて一朝一夕に真似をする

のは難しいと感じました。ただ，両社とも巨大企業なので事業部門と研究開発部門のコミュニケーションは非常にうまくされていました。研究開発部門の中に事業開発の才能があり技術がわかる人材を配置し，橋渡し役をされていました。応用研究のテーマの選定にもこうした人が参画していました。組織が大きくなればなるほど，言語や価値観の異なる組織の連携機能が重要だというのを学びました。

② PayPal, Linkedinの実践的アプローチ

次にPayPalやLinkedinの技術のトップの方にお話を伺いました。彼らはより実践的なアプローチをとっていました。具体的なビジネスニーズがある分野，たとえばPayPalであればセキュリティや認証の技術などに特化した研究を行っていました。とにかく絞り込みが大事で幅広くやるよりも競争力につながる部分を見定め，とことん掘っていくという手法です。また，M&Aを積極的に活用しており，自前の研究開発にこだわらずに技術を保有している会社を買収していました。往々にして技術会社の買収というのは技術者の散逸などで失敗してしまう場合が多いのですが，そこはシビアにロックアップをかけたりしながら組織として技術を習得するようにしているようでした。

状況の異なる会社の話を聞き，筆者としては3年先くらいのテーマになりそうな中期的な技術課題への取り組みの弱さを克服する，というのを解決の優先順位に置いて，以下のような施策を実施しました。

- 中期的な取り組みを行う技術者プールをCTOの研究所配下に置く。
- 予算は売上の数パーセントのような形でトップオフし，利益の業績によるプレッシャーはかけない。
- 中期的なテーマを各事業部のCTOと絞り込みをする。
- 連携役となるシニアな技術者を研究所に配置し，コミュニケーションのハブになってもらう。

コンセプトについては事業部門の責任者からも賛同を得られ，徐々に仕組みとして根付いていきました。このやり方が唯一のものではないわけですが，数あるイノベーションの生み出し方の1つとして参考になればと思います。

CFOの会計とリスク管理機能

［Ⅰ］より高度なコンプライアンス機能導入に向けて

1　会計報告と内部監査，リスク管理

　決算業務，会計報告，税務申告，外部監査人による受監査対応，内部監査，リスク管理は引き続きCFOの役割である。基本的には，日本企業においても経理・財務担当役員の役割として認識されてきたもので，内部監査以外の役割に対する認識の相違は見受けられない。しかし，CFOの役割に関しては，日米欧のいずれにおいても，大きな変革が求められている。

　まず，業務の効率化を推進することが求められている。経理業務は人的工数をかける業務が多く，あらゆる企業が十分に膨らんだ工数の対応に苦慮している。

　効率化には2つの課題があり，1つは子会社など多くの法人格を持っていることである。特にM&A戦略で拡大してきた企業では，会社ごとに多くの会計基準が残り連結業務で一層の工数をかけている。会計基準の統一は，必須かつ喫緊の課題となっている。もう1つは，ITシステムの導入である。ERPはじめITシステムのテクノロジーの進化は目を見張るものがあり，特に，グローバルに事業展開している企業では必須となり，すでに多くの企業が導入に前向きである。経理業務の効率化推進は，会計基準の統一化とERPに加えて経理業務のデジタル化の波によって大幅な工数削減が期待されるが，特に正社員の人員削減問題は課題として残る。

　CFOに求められている責務として，業務の効率化促進と並んで，経理部門員の流動性を高めるために部門員のスキルセット変革や教育も推進していかな

ければならない。

　独立監査人による監査は，ERPや経理業務のデジタル化によって大きく変容を遂げようとしている。会計のデジタル化は，これまでシステムごとに断片化されていた会計関連情報の連続性をもたらすことが期待できるので，各監査法人は継続監査手法の構築を目指している。継続監査では，AIにより異常な取引や情報を見つけ出し，決算を待たずして指摘や質問を投げかけてくる。会計監査を受ける企業側も変革が必要となり，監査人と同時にモニターするためには，ITやアナリティクスのスキルがより重視されるようになる。

2　客観的視点型ガバナンス

　不正会計問題に関しては，日本の名門企業でも連続して発生しており，東京商工リサーチの調査によると，不適切会計の開示企業は，調査を開始した2008年の25社から2016年は過去最多の57社と9年間で2.2倍に増え，2018年は過去2番目となっている。

　日本企業と欧米企業のガバナンスの根本的な相違点は，「内部相互監視によるガバナンス」と「客観的視点によるガバナンス」のいずれを推進してきたかにある。近江商人の経営に範をとる明確な事業家訓を経営規範とするガバナンスは，「内部相互監視型ガバナンス」に属し，このガバナンスの鍵は時代の流れに事業の家訓を活かす経営者の才覚とモラルの高さに大きく依存するものであった。日本的相互信頼と人間的尊厳依存でもガバナンスが十分に機能してきた歴史があることも事実である。

　しかし，アメリカ経営学に大きく依存するグローバリゼーションの流れを受けて，日本企業の国際的な評価を高めることや，海外からの投資を促進する目的のために「客観的視点型ガバナンス」が強く要請されている。一方で，経営者個人のモラルの高さに依存する「内部相互監視型ガバナンス」が機能しない事例が明らかにされるにつれ，「客観的視点型ガバナンス」の導入が喫緊の課題と言われている。CFOとしてこの課題に対峙するには，内部監査部門の強化を推進していかなければならない。

［Ⅱ］　デジタル・トランスフォーメーション

　ここでは，経理・財務業務に関わるデジタル化の流れを紹介したい。

1　経理業務のデジタル化

　経理業務，特に財務会計領域には定型業務が非常に多く，従前からIT化は先行して進んできた領域である。また，汎用性が高く各社でニーズがある業務であるため，会社サイズに応じた多種多様なサービスが提供されている。

　会計の基幹システムはさまざまであるが，主に大企業向けにSAPやオラクルが提供しているERPシステムは，他の基幹システムである販売，在庫，購買などと連動し，業務データを一元管理し，リアルタイムに経営状況を可視化する。また，ERPシステムはグローバルな大企業で数多く採用されており，多くの顧客の要望を取り入れて作られているので，業務のやり方もERPシステムの流れに沿って行うことで効率化できる部分が非常に多い。

　特に会計周りに関しては，こうしたシステムに業務を合わせる方が，システムをカスタマイズして業務に合わせるよりも，コストも生産性も改善できる。システムベンダーとコンサルティングが一体のサービスを提供しているのは理にかなっている話である。ERPシステムの導入は大企業だけでなく中堅企業においても進んできているので，経理業務の一般的なインフラになっている。

　中小企業向けには多くのパッケージソフトが提供されている。これらは初期導入も容易で操作も簡単，コストも安価に導入できるのが特徴である。今，この領域で急速に伸びているのはクラウドサービスで，非常に安価な月額料金でサービスを提供するベンダーである。中小企業の場合，IT部門に割く人員も限られており，サーバー管理やデータのバックアップなどを自社で行うのはコスト面で合理的でない場合も多い。また，会社の規模が短期間で大きく変わっていくようなフェーズは利用に応じて料金を払うSaaS型のサービスがフィットしている。

2　RPAの活用

　IT化による業務効率化が第1ステップとすれば，RPA（Robotic Process Automation）など，機械学習や人口知能などを活用した業務の変革が第2ステップとなる。これは，人が扱っていた定型業務などを自動化するものである。経理業務に限らずさまざまな領域で利用が進んでいる。経理業務では，基本はシステムを活用しながらも「入力」，「確認」，「転記」などはどうしてもついて回る。

　たとえば，経営管理業務でさまざまなレポーティングを経営層向けに行う。レポーティングはフォーマットが少しずつ変化し，ビジネスが増えると変わっていく。これらをすべてシステム化すると膨大なコストを伴うが，RPAツールを利用することで大きなシステム投資をせずに生産性が上がる可能性がある。

　RPAは決められた事柄を自動化するものなので，前提として業務の基礎部分がシステム化されて細かく可視化がなされていることが条件となる。現状でも，さまざまなRPAソフトがサービスプロバイダーから提供されており，今後もますます進化を遂げていくと思われる。

3　AIや機械学習の活用

　会計システムにしてもRPAソフトにしても，機械学習やAIによってより効率化が進んでいく。専門的な解説はここでは省略するが，膨大なデータを解析し，パターンや法則を見つけ，それに沿って処理することを得意とする。データは蓄積されるほど精度が上がっていくので，どんどん「頭がよくなる」という特徴がある。

　会計システムでもAIの活用は広く行われている。わかりやすい例としては仕訳パターンの自動化である。あるクラウドベースで提供される会計ソフトには，銀行のインターネット口座管理サービスと連動することで自動記帳までされていく機能がある。また，経費精算もパターンの塊なのでできるだけ精算処理を省力化したり，可能な限り事前承認を省略したり，不正パターンを解析してアラートを出すような事後牽制に切り替えるといったことも行われてきている。こうした例は代表的なものであるが，財務会計領域ではこうした流れによる自動化と効率化はより加速していくだろう。

4　管理会計の進化

　それでは，管理会計の領域においてはどうだろうか。管理会計はビジネスニーズや経営者の要請が常に変化していくので，エクセルなどを使った手作業で行っている場合も多い。ただ，ビジネスインテリジェンスの領域はツール化が進んでいる。

　グリーの例を1つ挙げる。グリーでは情報システム部門の他に経営管理部門の中にもシステム部門がある。この部門はBI（ビジネスインテリジェンス）を専門に行う部隊で，経営状況の可視化を徹底的に行う。

　グリーの場合，ゲーム事業が大きなポーションで，ゲームのタイトル別の状況が非常に重要なため，日次のタイトル別収支や収支予測，ユーザー数やユーザー当たりの収入などの重要なKPIのトレンドがリアルタイムに可視化され，次の打ち手を考えるうえで参考にしている。管理会計の場合は対応の柔軟性が求められるので，こうしたやり方をしている。本当の打ち手を考えたり提案をしたりするのは人間の仕事として最後まで残るが，多くのことは自動化されていくと考えられる。

5　経理・財務業務以外の領域

　経理・財務業務以外についても簡単に触れておく。資金管理については金融機関とリアルタイムに情報連携し，グループ，グローバルでの資金の把握と管理ができるクラウドサービスが出てきている。グループとしての資金や流動性についての最適化やキャッシュ・マネジメント上のKPIの可視化などができる。また，M&AやIR，資金調達などは定型業務が少なく，まだまだデジタル化が進んでいない領域だが，補助的な作業を支援するツールはたくさん出ている。

6　デジタル化による企業経営の変化

　これまでのところで見てきたようにデジタル化は日進月歩で進化している。労働人口が減少していく日本では，この流れは必然であり，必要なことだ。定型業務は可能な限り自動化し，過渡期にあってはアウトソーシングを積極的に活用していくことが求められる。

　一方，こうした話で出てくるのは，「システムに仕事が奪われる」，「人が余ってしまう」という主張である。確かにその要素はあるわけだが，現在，システムで代替される仕事をしている社員に，仕事が奪われるからという理由で同じ仕事をさせ続けるのは正しいやり方ではない。社員のキャリアを考えた場合，企画業務などのより付加価値の高い仕事への転換を図っていくべきである。

　自動化が利かない部分は依然として多い。そうでなければ，AIが会社を経営すればいいことになる。将来の市場や事業，会社の状況を統合的かつ概念的に予測し，データを見ながら打ち手を考え，判断を下していくことはやはり人間でないとできない。CFO組織が全般的により上流工程の仕事にシフトすることにより，経営者やビジネスパートナーから信頼される存在になっていけると考えている。

事例紹介3 GEの内部監査チーム （昆　政彦）

⑴　内部監査チームのコンサルティング機能

　GEの内部監査制度は，GEの企業会計構築の上で大きな特徴を持ち，GE企業会計の競争優位性の根幹の仕組みです。コンサルティング監査機能をその中心に置き，通常の監査業務に加えて企業が健全経営や戦略展開を適切に行えるように助言や管理を行うものです。さらに，他事業部や他の地域でのベスト・プラクティスを展開し，主要なイニシアティブの実行を促進することもその任務としています。

　ジャック・ウェルチは，CAS-Corporate Audit Staffの効用をリーダーの育成と捉えていました。特に実行能力（Execution）と決断力（Edge）の能力は後天的にCAS-Corporate Audit Staffの職務における教育によって磨くことが可能としました。

　「CASには毎年入社3年程度の新人120名が配属され，そのうちの75%はFMPの出身者であるが他の職種からも参加してくる。はじめは『新入り（New Kids）』に過ぎないが，世界中のGEの事業会社に赴いて監査を行い徹底的な分析を実施する。本社に戻ってからはCEOやCFOに対して報告を行う。当然，中には指摘しにくい内容も含まれるが，数年間，先輩達の挙動から多くを学ぶとともに，コーチングによって非常に鋭い判断力（Edge）を磨いてくる。さらに，GEのCASの特性である自身の提案が実行されるようにする責任も持たされているので，実戦において実行力（Execution）も磨かれるようになる」（Welch, Jack & Suzy，2005，pp.92-93）として，監査による専門知識の習得だけではなく，行動能力の習得の効用を重視しました。

⑵　リーダー人財育成機能

　CAS-Corporate Audit Staffのリーダー育成機能が果たしている成果を表す良い例が，GEの最高経営会議であるCEC（Corporate Executive Counsel）のメンバー輩出機能です。

　2005年のCECメンバーを例に取ると，37名のCECメンバーのうち6名がCAS出身者で占めます。また，2005年当時のGEは経理・財務トップの2つのポジションがともにCAS-Corporate Audit Staff出身者で占められている点に大きな特徴があり，さらに他の4名が事業系の上級幹部としてCECのメン

図表3−1 ■CAS-Corporate Audit Staffの組織構造

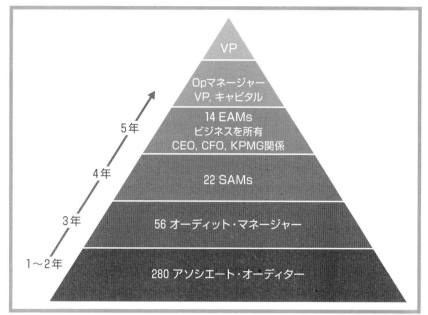

出典：GE CAS-Corporate Audit Staff リクルート資料などから筆者作成。

バーになっています。事業系の幹部としてCAS-Corporate Audit Staff出身者が４名も就任しているのは，CAS-Corporate Audit Staffのリーダー輩出機能が有効に作用している証左とみることができます。

　CAS-Corporate Audit Staff内部の組織構造は**図表3−1**のとおりです。バイス・プレシデント・コーポレートオーディットスタッフを筆頭に６階層に分かれています。応募者は，通常プログラム入社方式で入社したプログラムの卒業生が中心です。ファイナンスのプログラムであるFMPからの採用が多数を占めますが，情報システムのプログラムであるIMLPや技術・製造プログラムであるTLPからの採用もあります。さらに，すでに一般業務に従事している従業員も応募が可能であり門戸を広く開いています。

　しかしながら，登用選抜は大変厳しく，プログラムの卒業生の場合には，平均点以下で卒業した場合には合格することはできないという狭き門です。アソシエート・オーディター（Associate Auditor）は，現場での実行部隊であり，監査業務を通じて経理・財務の知識，リーダーシップ，オペレーションの内容

理解を習得することになります。

　1回のオーディットプログラムは4カ月で組まれており，全6回のプログラムを終了すると卒業となりますが，この期間に上位職に昇進しなければCASに留まることはできません。自分からチームを去る場合と業績評価が振るわなくてドロップアウトを宣言される場合もあります。

　2年目にはP&P（Planning & Promotion）のプロセスで各人の最も良いキャリアを検討します。オーディット・マネージャー（Auditor Manager）に求められるスキルや職責は，アソシエート・オーディターとは異なるので，昇格させるべきか，事業ユニットへポジションを求めた方が良いのかを厳格に審議されます。アソシエート・オーディターは，アナリティカル・スキルなどの現場監査スキルが重視されます。

　アソシエート・オーディターから昇格するとオーディット・マネージャーとなり，現場での監査チームを管理・監督する立場となります。この職責ではチームメンバーのコーチングや被監査部門とのクライアント・コミュニケーションの能力が重要で監査の遂行そのものは行いません。一般的な企業では，監査人とオペレーション部門長の軋轢を効果的に切り抜けるために，比較的年齢層が高い人がその職に就きますが，GEの場合には入社選抜試験，プログラム入社での教育と選抜，CAS-Corporate Audit Staffへの登用選抜試験，アソシエート・オーディターとしての実地訓練，オーディット・マネージャーへの登用選抜と，長い期間をかけて優秀な人財を徹底的に選抜することによって，その職務に耐えうる人財の育成と選抜を行っています。この制度は困難な職務をGE内のトップ・エリートに任せることにより，若年層でのシニア・マネジメント職への早期選抜登用を可能にしています。

　オーディット・マネージャーの任期は基本的に1年で，再度P&Pのプロセスを通じて各人の最も良いキャリアを検討することになります。昇格するとSenior Audit Manager（以下，SAM）となり，卒業後はExecutive Band（役員クラス）となるので，1年後にExecutive Bandで求められるスキルレベルに到達できるかが重要な選抜要素の1つとなります。

　SAMは，2〜3チームを統括して各地を回るフィールドジェネラルとして各事業部との橋渡し役とリスクアセスメントや 部下（アソシエート・オーディターおよびオーディット・マネージャー）の育成プログラムの設定と遂行が主な任務となります。さらに，各事業ユニットCFOとのコミュニケーションが増

し，4カ月のオーディット・サイクルが終了する時に，必要に応じて
Corporate CFOへ報告を兼ねたプレゼンテーションを実施します。SAMの任
期も1年であり，それまでの昇格と同様のプロセスを経てExecutive Audit
Manager（以下，EAM）に昇格するか事業ユニットへ転出するかを決めます。

　EAMはExecutive Band（役員クラス）の職位なので，通常のExecutive
Bandへの登用で要求される要件を現状で満たしているかが重要な選考事項で
す。EAMは各事業部の経営層（事業ユニットCEOやCFO）と対等にビジネスに
対する責任を持ち，外部監査人との折衝も主要な任務となります。また，GE
のプログラム入社から順調に昇進していくと最短26～7歳でこのExecutive
Bandクラスへ登用されることになります。GEにおける超特急の経営幹部養成
コースです。

　CAS-Corporate Audit Staffの教育は，次の3本の柱で行われています。

- オリエンテーション：オリエンテーションは初めてCAS-Corporate Audit
  Staffのメンバーに参加する時に実施され，期間は2週間である。FMPも
  しくはファイナンス部門から登用されたメンバーは会計の基本を習得して
  きているので上級の会計講座を受講するが，それ以外のメンバーは必ずし
  も会計に詳しくないので基本的会計コースをとるチームとして構成される。
  会計以外では，監査手続，効果的インタビューの手法，CAS-Corporate
  Audit Staff組織の機能などを習得する。
- 事前準備と実地訓練：過去のワークペーパーを熟読しリスクやアクション
  を確認したうえで，年3回のオーディットプログラムへ参加する。
- オンライントレーニング：1つの監査期間（4カ月）の間に，各自で自習
  できるオンラインでのトレーニングプログラムが用意されている。

　CAS-Corporate Audit Staffの業績評価は通常の業績評価よりも深い内容で
頻繁に行っています。評価の回数は年間6回で，年間1回の業績サマリーに加
えて4カ月のオーディットプログラムの中間と終了時に行われ，合計6回実施
されます。さらに，他のオーディットプログラムのメンバーや被監査部門の部
門長などからのフィードバックが行われます。

⑶　社内ブランディング

　GEのCAS-Corporate Audit Staff組織に組み込んでいる特徴的な要素は，社

内ブランドの構築とネットワークです。100年を超えるGEの歴史の中で，第7代CEOであるレグ・ジョーンズを輩出したCAS-Corporate Audit Staffは，その組織が持つ社内ブランドが優秀な人財を呼び，優秀な人財を極限状況に追い込むことによりスキルの向上を鍛錬する特殊研修により実力をつけるプロセスを保持しています。

　実力をつけた人財が社内での華やかなキャリアを積むことでさらにCAS-Corporate Audit Staffのブランド価値が向上し，優秀な人財をひきつける好循環を構築します。優秀な人財が属していることにより，付加価値を与えるような提言活動が可能となります。ネットワークでは，Corporate CFOを筆頭に，特にファイナンス部門の主要ポジションにCAS-Corporate Audit Staff卒業生が配置されていますので，受監査部門の主要人材協力的な体制を作り，CAS-Corporate Audit Staff支援・歓迎の雰囲気を構築します。これにより，協力的な仕組みの中で職務を遂行することができるようになります。

　これらの要素が，通常であれば敵対や対峙の状態に陥りやすい監査部門と事業部門の協力関係を構築できる重要な組織となっています。CAS-Corporate Audit Staffの特徴はソフトスキルの向上機能でもあります。監査手法や監査プロセスなどのハードの部分は即座に転用可能ですが，それだけではGEの強さを移植できません。人事評価でも「クリティカルシンキング」,「コミュニケーション」,「リーダーシップ」を主要項目に入れるなど，人材の質に注目したCAS-Corporate Audit Staffメンバーの選抜と育成がCAS-Corporate Audit Staffメンバーのソフトの面を重視し強力な基盤を醸成しています。

CFOのファイナンスと
トレジャリー機能

［Ⅰ］金融市場の歴史的背景

1　日本社会における金融市場の歴史的検証

　預金者は預金の保護と流動性の確保を求める。一方，投資行為では，不確実性とリスク担保やリスクに対するリターンの確保が求められる。銀行の社会的役割は，この相反する要求のバランスをとることであり，日本の高度経済成長期に取られていた護送船団方式の構造下では，十分にその機能を果たしてきた。

　さらに，企業の活動範囲は国内が主流であり，国家資本主義展開上も有意義な仕組みであった。過度な金融資本主義に入り込まず，株式市場そのものにも多くの規制がかけられており，徹底的に国家の管理下に置かれていた。また，大手都市銀行や財閥系企業が中心となって株式の持合いが行われ，金融資本市場の影響はかなりの程度において制限されていた。そして，この仕組みを大蔵省（当時）が補完して完全なものとして機能していたのである。

　日本の高度成長を支えた護送船団方式は，その完成度の高さと結果から成功体験を日本の経済界にもたらした。

　成功体験は，時としてマイナス要素にも働き，環境変化に適応するための機動力と柔軟性を失わせ，ひいては失敗の根本原因ともなりうる。護送船団方式は，成功体験の功罪を見事に表した事例となってしまったようである。

　護送船団方式下でのマネジメント・コントロールは，財務会計上の損益管理が中心である。実質的に経営の根幹である財務戦略まで入り込み，株式持合い制度も組み込まれたメインバンクシステムは，本来は資本コストを意識した経営も視野に入れるべきものであったが，実際には損益管理に関しては経常利益

重視であり，資本コストをカバーするための利益目標を管理するものではなかった。

株式市場には幾多の規制が制定されていたために，本来株式市場から期待されているコーポレート・ガバナンスの構築要請機能や資本コストを考慮した利益，もしくは，キャッシュフロー達成目標要請機能が十分には働かなかった。経営実務は，売上成長重視で経常利益が黒字であることが最大の目標であり，利益目標額を設定して経営を執行することを要請するものではなかった。経営者の中には，独自に利益目標を設定して利益管理を重視した経営を実行していた例もあるが，利益目標の設定にあたり資本コストを意識した例はほとんどなかったと考えられる。

米国では，1929年の大恐慌は銀行の過度の融資貸付けから銀行の破綻をもたらし，最終的に1933年にグラス・スティーガル法の制定により商業銀行と投資銀行の兼業が禁止される結果となった。これにより，商業銀行は事業会社の株式保有が禁じられ，投資銀行は一般預金者からの資金調達ができなくなった。

他国に比べて比較的早期に直接金融資本主義制度に対応せざるを得なかった米国企業では，資本コストを意識したマネジメント・システムやコーポレート・ガバナンス形態が発展していった。直接金融資本主義体制では，株主の企業経営管理が強くなり，企業経営者は事業経営執行者としての責任が強まり役割の整理が行われてきた。株主により選出された取締役は経営に対する管理や監督に専念し，執行役が企業経営の執行責任を負う分権化体制が構築された。

経営の執行責任に対する業績評価は，企業価値を向上させることにより行われ，株主からの視点では時価総額もしくは株価の上昇が評価項目となる。企業価値は，時価総額で判定するのが最も一般に認められた測定手法であるとされている。社会的価値や社会的責任を執行責任に加える動きはあるものの，時価総額に取って代わる客観的な企業価値測定手法は開発されていない。

先進国の株式市場の50％近くを運用しているのが，年金基金や投資信託会社であるが，時価総額の増加は一部の富裕層をさらに豊かにするとの批判もある。一方で，時価総額の増加には，年金受給者の生活レベルを上げ，社会的価値を向上させる機能もある。さらに，執行責任を負う経営執行者に対するストックオプションや制限付株式などの報酬体系は経営執行者の時価総額増加へのインセンティブを与え，企業経営執行者は時価総額を増加させることに集中する仕組みが構築された。

　年金制度の健全化に加えて，個人投資家を呼び込むことや起業家の資金調達を支援するために規制緩和も進み，米国内で直接金融資本主義は強化されてさらに拡大していった。

　功罪併せ持つ護送船団方式の最も大きな問題は，重厚長大企業で構成されていた寡占状態の製造業界が構造改革を怠り，環境変化への対応を遅らせてしまった点である。そして，本来なら退場すべき企業の延命を図り，効率性の悪い企業の存続を許してしまったのである。

　企業や経営者の使命は，企業競争の中でイノベーションを生み出し，社会や市場により受け入れられる製品やサービスを提供し続ける仕組みを作り続けることである。競争である以上は勝者と敗者が決定される，つまり，継続的に価値を生み続けられる企業と退場すべき企業が区分されてしまう社会的システムの中で各企業は経営を行っている。社会的価値を提供している企業であれば，持続的成長の追求は一企業の問題ではなく社会的使命でもある。護送船団方式の付随する問題として，銀行が本来機能すべきであった，預金を適切に配分する機能が不全に陥ってしまったことも挙げられる。

2　メインバンクシステムの限界とバブル崩壊

　1985年のプラザ合意により先進国間で円高が容認され，日本は通貨的に世界の主要国として認められたと同時に，輸出産業は通貨の相対的安価によるメリットを失い過酷な国際競争にさらされる結果となった。日本経済界全体では，護送船団方式で適切な事業改革を遅らせてしまったことと相まって応急的な処置として金融緩和と国内需要の喚起を急速に進めた結果として，未曾有のバブル景気を引き起こした。

　金融資本主義下では，バブル景気と破綻の繰り返しにより発展がもたらされてきたが，平成バブル景気と景気後退は，その規模の大きさのみならず大蔵省を根幹として中央銀行である日本銀行も組み込まれた護送船団方式であったために，銀行の経営破綻にとどまらず社会的装置そのものを機能不全へ追い込んでしまった。この経済危機からの脱出施策のなかで，社会体制は直接金融資本主義へ急激に転換することとなり，新しい社会的装置構築に向かったのである。

　しかしながら，社会的要請でもあった終身雇用制や年功序列給与体系をも変革しなければならなくなった企業経営再構築の中で，メインバンクへの財務報告を主軸に組み立てられた業績管理の仕組みの適切な変革は未だに道半ばであ

ると思われる。

　同時に会計制度でも大きな変化が起きた。会計ビッグバン導入により連結会計制度への移行と株主重視経営への取り組みも模索された。会計制度そのものも企業の健全経営を阻害していると考えられる。

　たとえば，確定決算主義は税務会計の健全化のために財務会計からの牽制を狙ったものであるが，税務会計が財務会計へ縛りをかけてしまった。別の阻害要因の典型的な仕組みが単体決算重視である。法人格を納税単位とする税務会計の基本的な考え方により，財務会計も単体主体となっていた。企業価値測定には，一体として事業活動を行う企業グループは包括的に測定すべきであり，連結会計制度はその根幹となるべきものである。

　日本での財務報告は，2000年になって初めて外部への主財務報告は連結会計で行うべきものとされた。日本企業はすでに欧米企業に対して遅れを取っているが，企業内部での経営管理は依然として単体，もしくは国別で行われている例が多いことが大きな問題として残っている。さらに，この問題を根深くしているのが，財務会計では企業価値向上のPDCAを回すには限界があることである。

　時価総額を主軸に考える場合には，「将来のキャッシュフロー」を生み出す源泉が現在機能しているかを管理すべきで，会計利益ではなく獲得されたキャッシュを測定すべきものであろう。過去の会計利益の測定から将来のキャッシュの予測に至るには，数段階の変換を経る必要があるが，実際には，将来のキャッシュが全く考慮されていないか，もしくは，資金管理や流動性確保への経営管理が行われていない状態も考えられる。経営管理項目で，フリー・キャッシュフロー，在庫回転率や売掛金回転率（包括的にキャッシュ・コンバージョン・サイクルもしくは運転資本回転率），ROE，ROIC，EPS，キャッシュフロー・コンバージョン・レシオなどを経営管理目標に掲げてPDCAを回し，さらに，市場への公表目標項目に加えたりしている例は非常に少ない。

［Ⅱ］資本コスト経営

1　ROEとROIC

　日本ビジネス界におけるファイナンスや会計リテラシーの低さが強く指摘されるようになってきている。その根底には，株式市場における日本企業への評価が著しく低く，その原因として企業における経営目的や経営目標の設定に関して資本コスト概念が不足していることがあるといわれている。筆者（昆）は米系企業に長く身を置いたこともあり，米系企業と比較した場合にファイナンスや会計理解能力の不足に対しては疑いの余地はないし，日系企業の経営者と話しても資本コストを十分意識しているとは思えない状況に多く遭遇する。

　しかし，その対応策として打ち出されている方向性，特に，マスメディアでの捉え方には大きな疑問が残る。特に問題視されるのは，企業における役員，部長，担当者すべてにおいて資本コストを理解する会計理解能力を求めている点である。資本資産価値モデル（CAPM理論）やランダム・ウォーク理論をすべての従業員が理解する必要性はあるのかとの疑念はぬぐえない。問題の根底は株式市場における評価が基点になっているので，金融事業従事者の問題意識がそのまま全体的な問題意識として伝播してしまったことにある。ファイナンス理論そのものや，その運用方法を熟知せずに展開を促進しようとしたことが，全方向への包囲網的な発想につながっていると思われる。そして，それに対する反発，特に企業経営者からのROEへの反発が生まれる原因ともなっている。経営者，特に社長の理解なくして資本コスト経営を正しい方向へ導くことはできないだろう。

　この課題や問題を紐解くのは，他でもないCFOとその経理・財務部門である。まず，ファイナンス理論に関しては，IRなどを通じて金融業界と接することもあり，CFOや経理・財務部門員の必須項目である。理論的に正しく理解した上で自社の資本コストに対する考えを持ち，そこから目標値を割り出せる力は不可欠である。外部から8％や10％であるべきなどの総括的アプローチに対して事業環境を加味した反論ができるレベルであることが望ましい。そして，ROEやROIC経営はCFOの専任事項であることを自ら認識し，社長からも理解され権限委託をしてもらう必要がある。

　一方，営業や技術部門員がファイナンス理論を理解することは次期役員とな
る立場にある者のみ必要となるが，それ以外の立場にある者は特に必要はない。
経理・財務部門員でも十分に理解できない，多少難解で習得に多くの時間を要
する内容を理解するために，営業部門員の顧客情報理解や技術部門員の専門技
術習得の労力を疎かにするようでは本末転倒であろう。経理・財務部門員がよ
り深い知識を修得していないことが大きな問題である。

2　最適資本ポイントとロングテイル・リスク

　資本コスト経営では，資本コストが最適になるポイントを探る必要がある。
ファイナンス理論では，Equityのみの無借金経営の状態では，株主資本コス
トのみが企業の資本コストとなるので，資本コストが最も高い状態である。借
入れや社債などDebtの比率が上がるに従って加重平均資本コスト（WACC-
Weighted Average Cost of Capital）が下がるが，果てしなく下落するのではな
い。破綻リスクが徐々に高くなり，加重平均資本コストの上昇要因となるので，
Debtによる資本コスト下落とDebtによる資本コスト上昇が交わるポイントが，
企業における理論上の最適加重平均資本コスト，最も低い資本コストとなる
（図表 4 - 1）。

図表 4 - 1 ■最適資本構成

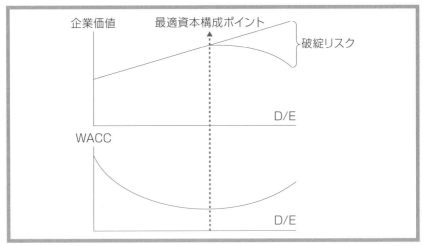

出典：昆政彦作成。

　しかし，CFOとして企業における最適加重資本コストを追い求めるのは賢明ではない。実務で企業経営に携わるうえでは，持続可能な経営を目指すことが基本であり，あらゆる角度から検討して企業における目指すべき資本構成を考える必要がある。ファイナンス理論上の最適資本構成は，まったく遊びがない状態であるので，ある程度の遊びを入れることになるが，どの程度の遊びが必要になるかは事業環境により大きく異なる。

　ボラティリティが高い事業環境ではファイナンス理論でもカバーできるリスク要因分析があり，技術革新が起こりうる環境ではファイナンス理論を超えた技術分析が必要であり，さらに，規制による変化や地政学リスク，カントリーリスクなども独自に検討すべき要因である。そして，いかなる業態の企業にも当てはまり，見落としがちなリスクがロングテイル・リスクである。

　Debtは有利子負債のみ考慮するが，企業の負債には，オペレーション上の買掛金をはじめ，未払税金，引当金など倒産リスクを誘発する負債があり，有利子負債をなくしても倒産リスクはゼロにはならない。これらの追加リスクを考慮して，企業における目指すべき資本構成を決定するのがCFOの役目であり，目指すべき資本構成は外部から設定されるものではない（**図表4-2**）。

図表4-2 ■最適資本構成と目指すべき資本構成

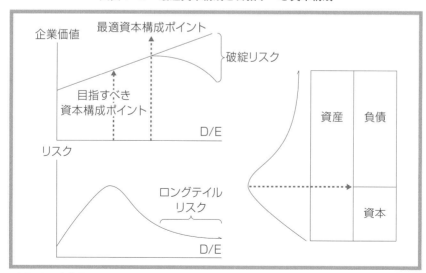

出典：昆政彦作成。

［Ⅲ］ トレジャリー

1　トレジャリーとは

　株主資本コストへの関心が高まり，コーポレート・ファイナンスへの意識や対応策が盛んに議論されるようになってきたが，遅れているのがトレジャリー（Treasury）分野である。会計が財務会計（外部報告目的）と経営会計（経営管理目的）に分かれるように，金融資金分野でも，外部との取引を中心として捉えるのがコーポレート・ファイナンスであり，経営管理を中心として捉えるのがトレジャリーであると区分することができる。したがって，CFOにとって非常に重要な管理項目である。

　トレジャリーの対象項目は下記3項目である。

- Cash（現預金）：貨幣・通貨，預金
- Liquidity（流動性）：流動性債務に対する支払実行の能力
- Funds（資金残高）：現預金に流動性のある保有金融商品と借入れ枠で実行していない残高を含む

　そして，トレジャリーの機能としては，トレジャリー対象項目のキャッシュ・マネジメント機能，リスク管理機能，経営管理機能，最後に税務戦略機能の4つを挙げることができる。

2　トレジャリー対象項目のキャッシュ・マネジメント管理機能

　この項目は，旧来から財務部や資金部で管轄されてきた分野であるが，旧来的には資金関連の取引業務の遂行に重点が置かれてきた。回収業務，支払業務，資金繰り業務などである。まず，これらの業務は，IOT化により自動化もしくは外部委託の対象になる業務である。これからのあるべき姿は，資金の一括管理体制の構築であろう。会計に引きずられて資金管理も単体や国ベースになっていることが多いが，資金に関しては，いわば連結ベースでの一括管理，少なくとも，地域（アジア，北米，欧州）別の地域統括管理体制が好ましい。

　さらに，資本コスト経営では，手元資金の最小適正残高の管理が重要になってくる。特に日本国内では，支払時期の月末集中化による，資金繰りの複雑さ

から多くの資金残高を残す傾向があり，それを留保金課税で吐き出させよとする動きすらみられる。留保金課税の概念自体は，稚拙で本質を見極められていないものではあるが，手元流動性過多は経営管理上から見逃せない状態でもある。

3　リスク管理機能

財務上で考えられてきたリスクは，流動性リスク，貸倒れリスク，為替リスクであろう。流動性リスクに関しては，2で触れた一括集中資金管理の中でカバーされるべきもので，そのときに銀行との取引も国別取引から，グローバル取引へ変更しなければならないし，必ずしも現在の取引銀行がベストの選択とならない場合も生じる。メインバンクシステムの残像が依然として残っている場合も多いが，これからの金融機関との取引は今までと全く違う視点で検討する必要があろう。

為替リスクに対しては，各社個別の自由裁量でのリスク管理から，方針や承認プロセスを設定した管理下における各社個別管理，そして，本社直轄一括管理へシフトしていかなければならない。このプロセスでは，2の資金一括管理体制に通貨管理体制も構築して，国別における取引上での通貨差異を最小化する仕組みも組み合わせる必要がある。

さらに，グローバル化が進むに従って，その他のリスク感度も上げる必要がありそうだ。金利リスク管理，不正リスク，そして，地政学的リスクなどが対象となろう。資本コスト経営では，株主資本コストのみならず，金利リスクとの関連性で最終資金調達ポートフォリオ決定との関連性を作り上げる必要があり，グローバルに展開して文化的・経済的状況が異なれば，不正リスクへの感度を変える必要もある。

また，地政学的リスクでは，国の体制に危機が及ぶと真っ先に規制されるのが資金送金などのトレジャリー関連項目である。さらに，金融自体がフィンテックやビットコイン導入などの広がりを見せている中で，政府や規制当局の監視体制が十分に進むとは限らない状況に入っており，社内独自でのポリシーや内部統制体制も次のステージに持ち上げなければならない。

4　経営管理機能

今までも，固定資産投資効果判断（NPV, IRR），M&A投資分析と意思決定

（EBIT, EBITDA, IRR）などでは，資本コストを使ったキャッシュフローベースでの投資判断が行われてきた。しかし，実績モニタリングでは，キャッシュベースよりは会計ベースでの検証に陥っている場合が多いようだ。社内の経営管理機能自体が会計ベースになっていることが原因と考えられる。

　しかし，資本コスト経営においては，外部へコミットメントしている形式と同様の内部経営管理も必要だ。少なくとも，直接法による実績・予測キャッシュフロー分析ができる体制とモニタリング体制の構築は最低限の要件として整えなければならないだろう。

5　税務戦略機能

　日本では，税務機能は会計を扱う経理部門が管轄するのが通例となっている。しかし，税務戦略を経営戦略に組み込んでいる米系企業では，独立した税務部門が置かれるかトレジャリー機能に組み込まれることが多い。日本では，税務申告書作成において確定決算主義が採用されており，税務申告の正確性を期するには経理部所管が好ましいとの歴史的・規制的背景がある。

　しかし，税務を戦略として捉えると，資金の持ち方，保管する国，法人格や出資・配当などにより実効税率が大きく変わる。つまり，最適税金コストの決定と運用にはトレジャリーが管轄した方が効果的である。昨今は，法人税率引下げが頻繁に議論や国家戦略にも組み込まれ，適時の戦略設定や変更も必要になってきている。

| 事例紹介４ | IR活動と投資家 | （大矢俊樹） |

　筆者は上場企業で13年にわたって３社のCFOを経験してきました。CFOの役割の中でIR活動というのは重要な仕事の１つです。IRについてはいろいろなスタンスがあります。やり方についてもさまざまです。CFOだけでなく，CEOを含めてトップマネジメントがどれくらいIR活動に時間を割くかなどは，会社によって大きく異なります。

　市場の声というのは，筆者自身は「一般論として概ね正しいことを言っている」場合が多いと考えており，ともすると社内的な理屈で当たり前と思っていることが一般論としては当たり前でなく，内向きの理由で実現できていない言い訳になっていることも多いと思っています。なので，CFOはできるだけ直接市場の声を生で聞いた方が望ましく，CEOも時間が許す限り投資家との直接の対話を持った方が良いと考えています。

　IRへの対応というのは技術もあるのですが，基本的には真摯に意見や質問に耳を傾けて答えることに尽きます。最初は独特の言葉や空気に戸惑い，ぎこちない会話になってしまいますが，こうしたことを伝えたいというストーリーをしっかり持っておけば次第に対応もこなれてきます。また，投資家からも，自信のある受け答えや主張をしっかり言ってくれる方が，単に質問に答えるだけの対応よりも好まれます。

　直近のIR活動での投資家の見方と論点について少しお話しします。ヤフー時代の話ですが，引き継いだ当時，創業以来15年以上も増収増益を続けていましたが，成長は大きく鈍化していました。なので，資本市場のテーマは「パソコン時代の巨人はスマホで勝てるのか？　今後も成長できるのか？」という点でした。また，偉大な創業メンバーから引き継いだ２代目の経営メンバーでしたので，単純にこのマネジメントの力量はどうなんだろうか，という半信半疑が投資家の声から窺えました。

　しばらく資本市場と接してみて感じたことは，投資家は非常に冷静で厳しい見方をしますが，多くの場合は会社をよく知ろうとし，思ったことを一生懸命にアドバイスしてくれるということでした。経営をしていると悩みも当然あるわけですが，経験豊富な投資家は良い示唆をくれます。

　ROEというのは資本市場の間で浸透している概念ですが，多くの投資家は長期にわたってどのようにROEを上げて企業価値を高めていくのかというこ

とに関心があります。ROEを上げるには，利益率を上げ，資産水準を適正化してバランスシートを効率的にし，株主資本は資本コストが高いお金だということを理解して経営する必要があります。

　短期的にこれらを上げようとすると非常に良くないことが起きます。実態の付加価値以上に利益率を上げ，継続的に必要な投資を削ることになります。また，極端な財務レバレッジと自社株買いなども行われます。一部のアクティビストを除くと誰もこうしたことを望んでいません。長期的にROEと企業価値を上げていこうとすれば，上記の策とは全く異なる動きが求められます。

　利益率の高い事業をするということは，付加価値の高い事業をすることに他なりません。なので，喜んで顧客がその対価を支払う価値のある事業でなければいけません。差別化されていて他社が真似できないものが最も良いです。そうした事業は一朝一夕ではできず，長期的な投資も必要なので，それに向けた努力がされているかどうかが長期的な投資家にとって重大な関心事となります。

　また，バランスシートの効率的な活用と，株主資本の適正な管理はまさにCFOの力量が問われるところです。常に資本市場の声に耳を傾け，日頃から改善策を考えることが重要だと思っています。CFOとして筆者が心がけるのは，会社というものは株主から預かったお金で運営しており，株主への説明責任が常にあるということです。社内にいると，とかくこうしたことに鈍感になりがちなので，そういう意味でも投資家との直接の対話は重要と考えています。

第5章 CFOと企業文化

［Ⅰ］ 企業文化

1 企業文化の構築

　多くの企業が，企業理念，ミッション，社是，社訓（以下，企業理念で総括）に企業の存在目的や究極のゴールを設定し，行動規範，行動基準，トレーツ（以下，行動規範で総括）などにより，日々の行動指針の設定，判断基準の統一化，そして文化への落とし込みを行っている。したがって，多くの企業が，企業理念と行動規範を使って経営目的と企業文化の統合や方向性の一致を図ろうとしている。

　CFOの役割の第1は企業価値の向上であり，財務価値で測定可能な企業価値の向上はその基本となる。実務上で財務価値向上を担っているのは経営者を含むすべての企業従事者であり，日々の行動が効率性や価値向上には重要な要素となり，すべての企業従事者の行動を支配する企業文化のマネジメントは非常に重要な項目である。

　企業文化は「企業構成員によって内面的，精神的に共有された価値観，規範，そして信念のセットである」と定義することができる。加護野（加護野忠男，1988，p.26）は，価値，規範，信念を「価値とは何が善で何が悪か，何が公平で何が不公平かについての観念である。信念とは企業とそれをとりまく世界がどのようになっているのかについての観念である。規範とは組織のなかでどのように行動すべきかについての観念」と規定している。

　企業文化の構築と認知については，エドガー・シャイン（Schein, Edger H, 1999，p.16）が3段階で文化レベルとして説明している。

　レベル1は，人工物（Artifacts）として捉えられ，具体的には目に見える組織構造や手順であり，容易に観察できるものである。これらは目視し，耳にし，そして感じることができるものである。しかし，これは文化の本質ではなく表面的に知っただけの状態である。

　レベル2は，標榜されている価値観（Espoused value）とされ，具体的には，戦略，目標，理念の形で共有されることが多い。会社の価値観や方針を表現した文書で共有して伝達されている。本当の文化を解読するにはこのレベルでも不十分で，異なる行動パターンをとっている別々の企業がまったく同じ標語で企業価値観を表現していることも珍しくない。

　レベル3は，背後に潜む基本的仮定（Basic underlying assumptions）である。元来は創業者やリーダーの頭の中にしかなかったものが，組織の繁栄により共有化され無意識での判断基準に組み込まれるようになったものである。

図表5-1 ■文化のレベル

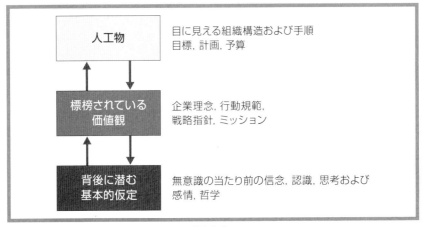

出典：Schein, Edger H,（1999）p.16をもとに筆者作成。

　財務業績を上げることに対して，前向きにかつ適切に行動する企業文化を持たなければ，どんなに効果的な財務会計報告手法，経営管理手法，企業会計手法を構築しても，目的の達成への効力は期待できない。また，財務業績向上へ向けた企業文化の構築は，表面的な題目を並べるだけでは真の企業文化として組織に浸透することはできないであろう。

　稲盛（稲盛和夫，2008，p.12）は，企業経営におけるトップの役割は，「何の

ために会社があるのか，またそのためにはどういう考え方が必要かを明確にし，従業員と共有していかなければならないこと」と定義した。そして，彼は，宣教師機能が経営理念展開の鍵であるとした。

　また，米国で行われたエバーグリーンの研究調査結果から，①全社員が全力で尽くすよう推奨する，②実績に対し賞賛と金銭的報酬で報いつつ，ハードルは下げない，③やりがいがあって満足のいく，しかも楽しく仕事ができる職場環境を整える，④明確な企業価値観を築いて，それを忠実に守る文化を持っている企業は，勝ち型企業の負け型企業に対する優位性が高い結果を報告している。

図表5－2 ■会社の文化：勝ち型企業vs.負け型企業

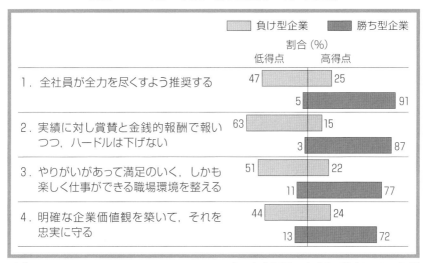

出典：William Joyce, Nitin Nohria, Bruce Roberson（2003）『ビジネスを成功に導く4＋2の公式』p.144（渡辺圭子訳），ソフトバンクパブリッシング。

　CFOの役割を効果的に遂行するには，企業文化に財務目標達成に対する執着と管理手法を必要とする下地を埋め込まなければ機能しない。文化的に財務管理を受け入れない企業文化や行動規範では，研究領域で高度に洗練された管理会計手法も実務的にはまったく機能しない。この状況は，1920年代，少なくとも20世紀中旬には開発を終えたとされる管理会計手法が，依然として経営目標達成支援目的に対して十分に機能していない問題の根源でもあると考えられる。

2　日米の企業理念，行動規範の違い

　企業活動がグローバル化するに従って，CFOや経理・財務部門から事業部門や子会社へのコミュニケーションもグローバル化に適応させなければならない。CFOは，ファイナンス・アカウンティングの理解能力の向上とともに異文化におけるコミュニケーションのとり方にも考慮して職務を遂行する必要があろう。

　異文化に関しては，エリン・メイヤー（INSEAD客員教授）の『異文化理解力（原題：The Culture Map)』に国別の行動・思考分野における特徴を分類した研究成果がある。ここではビジネスやCFOが注意すべき行動・思考分野を取り上げる（図表5-3）。

図表5-3 ■国別の行動・思考分野における特徴

---

① **コミュニケーション** (出典p.59)

アメリカ，ドイツ　　スペイン，ブラジル	中国，日本
ローコンテクスト	ハイコンテクスト

ローコンテクスト：良いコミュニケーションとは厳密で，シンプルで，明確なものである。メッセージは額面どおりに伝え，額面どおりに受け取られる。コミュニケーションを明確にするためならば繰り返しも歓迎される。

ハイコンテクスト：良いコミュニケーションとは繊細で，含みがあり，多層的なものである。メッセージは行間で伝え，行間で受け取る。ほのめかして伝えられることが多く，はっきりと口にすることは少ない。

② **評　　価** (出典p.95)

ドイツ，スペイン　　アメリカ，ブラジル	中国，日本
直接的なネガティブ・フィードバック	間接的なネガティブ・フィードバック

直接的なネガティブ・フィードバック：同僚へのネガティブ・フィードバックは率直に，単刀直入に，正直に伝えられる。ネガティブなメッセージはそのまま伝え，ポジティブなメッセージで和らげることはしない。

間接的なネガティブ・フィードバック：同僚へのネガティブ・フィードバックは柔らかく，さりげなく，やんわりと伝えられる。ポジティブなメッセージでネガティブなメッセージを包み込む。

---

③　リード（出典p.159）

オランダ	アメリカ，ドイツ，スペイン	中国，日本
平等主義的		階層主義的

　平等主義的：上司と部下の理想の距離は近いものである。理想の上司とは
　　　　　　平等な人々のなかのまとめ役である。組織はフラット。しばしば序列
　　　　　　を飛び越えてコミュニケーションが行われる。
　階層主義的：上司と部下の理想の距離は遠いものである。理想の上司とは
　　　　　　最前線で導く強い旗振り役である。肩書きが重要。組織は多層的で固
　　　　　　定的。序列に沿ってコミュニケーションが行われる。

④　決　　断（出典p.189）

日本，オランダ	アメリカ，ブラジル	中国，インド
合意志向		トップダウン式

　合意志向：決断は全員の合意の上，グループでなされる。
　トップダウン式：決断は個人でなされる（たいていは上司がする）。

⑤　信　　頼（出典p.213）

アメリカ，オランダ	フランス，スペイン	日本，中国
タスクベース		関係ベース

　タスクベース：信頼はビジネスの関連した活動によって築かれる。仕事の
　　　　　　関係は，実際の状況に合わせてくっついたり離れたりが簡単にできる。
　　　　　　あなたが常に良い仕事をしていれば，あなたは頼りがいがあるという
　　　　　　ことになり，私もあなたとの仕事に満足し，あなたを信頼する。
　関係ベース：信頼は食事をしたり，お酒を飲んだり，コーヒーを一緒に飲
　　　　　　むことによって築かれる。仕事の関係はゆっくりと長い時間をかけて
　　　　　　築かれる。あなたの深いところまで見てきて，個人的な時間も共有し，
　　　　　　あなたのことを信頼している人たちのことも知っているから，私はあ
　　　　　　なたを信頼する。

出典：「異文化理解力（原題：The Culture Map）」エリン・メイヤー（2015）英治出版。

　まず，異文化におけるコミュニケーションの違いを比べると，日本において
はCFOや経理・財務は，職務遂行が非常にやりにくいことが浮き彫りになる。
数字を基本にコミュニケーションする場合には，数字での伝達を額面どおりに
受け取ってもらわなければならない。日本は最もハイコンテクストなので湾曲
表現が好まれ，数字でのコミュニケーションは敬遠される。また，数字による

ネガティブなメッセージの場合には，さらに嫌われてしまう。

　一方，リードでは階層主義なので，まず，CFOのポジションはなるべく高く，社長に次ぐポジションであるべきで，さらに，社長がCFOや経理・財務を主軸に経営する姿勢を全社に見せてもらうことも必要である。決断と信頼の取り方は合意志向であり，職務以外での関係構築に時間を要するのでスピード経営に適した経営導入には社内で長い経験のあるCFOが適任であり，社外から招聘されたCFOである場合には関係構築に最も時間を掛ける必要がありそうだ。

　グローバル経営を考慮すると国内とは違う側面が見えてくる。特に，アメリカや欧州を相手にするときは，数字を数字として伝達し，余計な人間関係構築に時間を掛けるよりは職務でのタスクを中心にコミュニケーションをとる方が効果的である。CFOや経理・財務部門としては非常に職務を遂行しやすい体質である。また，中国や他のアジアにおけるコミュニケーションは，日本と同様であり時間を要する体質であるが，決断に関してはトップダウンで落としていくことが効果的である。

　これらの分析からも欧米系企業のCFOや経理・財務部門がより効果的な組織や手法を素早く編み出してきた根拠を読み取ることができるが，日本企業に即座に欧米式手法を入れることの難しさも浮き彫りになる。CFOは，各国の体質を理解しながら，それぞれの国・地域に対して効果的な手法を構築していくことが必要であり，これからのCFOの必須スキルとして異文化理解力は外すことはできない。

［Ⅱ］ コンプライアンスと企業文化

　企業の会計不正問題も後を絶たない。東京商工リサーチの調査によると，不適切会計の開示企業は，調査を開始した2008年の25社から2016年は過去最多の57社と9年間で2.2倍に増え，2018年は過去2番目となっている。

　カネボウ，オリンパス，東芝の不正会計問題は，大きく報道されて日本のガバナンスのあり方が問われたケースであるが，3ケースとも個人的に金銭的報酬や便益を取得していない。会社のブランドを守る意識の行き過ぎが，不正会計に走った根本的問題であった。パブリックとプライベートの概念がしっかりしている米国や欧州系企業では起こりにくいケースである。

　プライベートである企業は，パブリック（社会）の一員に過ぎないので，プライベートの存在意義がパブリックを超える考えには至らず，パブリックでのルールは絶対的なものとして尊重される文化を築き上げている。米系企業では，パブリックのルールを守る，つまり，コンプライアンスを徹底する，意識づけの仕組みはかなり入念に組まれていて文化の重要な一要素を構成している。

　CFOは，プライベート（企業）は，パブリックの構成員の1つに過ぎないことの意識づけと責任感を持つこと，コンプライアンス，つまり社会のルールを守る文化構築を行う必要がある。悪意を持って不正行為に向かえば，いかなる内部統制の仕組みも破られてしまうことを認識して，不正会計の防御は文化構築で対応する必要がある。

　一方，米系企業での不正会計の特色は，不正を働いた者が個人的便益を得ることを目的としている例が多い。米系，日系ともに，経営陣が不正に関与した場合は，不正実行部隊をスター部隊として構成して不正実行者の判断を鈍らせるケースが多い。ワールドコム，オリンパスなどのケースでは，この問題が指摘された。

　まず，CFOは自らがスターCFOになるとの意識自体が問題となる。CFOはスターになるべきポジションではないので，財務業績や時価総額において成功を収めても，「CFOはあくまで裏方」の意識を捨ててはいけない。また，社内におけるスター部隊の構築とストックオプションなどの報酬制度の設計には，特に懐疑的職業意識をもって対処すべきであろう。

事例紹介5　ヤフーでの文化改革 （大矢俊樹）

　ヤフーは創業して20年以上，増収基調を確保してきていますが，財務目標に関して社内的にどのような考え方が浸透していたか，少し紹介します。

　ヤフーは創業のころから会社がかなり大きくなるまで，1万円以上の経費の支出については稟議書が必要で，社長決裁となっていました。その後，事業部長等へ権限委譲はなされていくのですが，考え方としては経費に関してはかなり上位者でないと決裁権がない状態が長く続きました。これは初代の井上社長の意向が強いのですが，説明がきちんとできない金の使い方は少額であってもダメで，必要な金であれば1億円でも2億円でも説明して使えばいい，という原則的な考えがありました。

　また，井上社長は細かい経費までしっかり見ており，却下されることもしばしばでした。社員たちは，なぜこの経費が必要なのかの説明を十分に尽くさないといけないので必死です。スピードは犠牲になるものの，この思想のおかげで，ヤフーは創業間もないころから財務に関してはしっかりとした考えが末端まで行き届いていました。代替わりしてスピードを重視するため権限委譲をその後進めましたが，社員の中にはお金に関する実直な考え方が今なお生きています。

　次に，業績に関しては増収増益にかなりこだわってきました。20年以上の歴史の中で，連続して増益を続けるのは難しいことですが，いまだに増収は続けています。歴史を振り返ってみると，いくつかのステージがありました。

　最初の10数年くらいはインターネット市場の勃興の時期だったので，先行者メリットがあったヤフーは大きくシェアを伸ばし，売上，利益ともにものすごい勢いで伸びました。リーマンショックの時には，全社が一丸となってコストの削減を行い，増益を続けました。また，決算のたびに特別賞与を出し，社員への還元も積極的に行いました。ヤフーにとって増収増益は当たり前のことであり，そうでないといけないという認識を皆が持っていました。筆者が経営を引き継いでからもその偉大なカルチャーが生きていたため，財務目標へのこだわりは文化となっていました。勝ち癖のサイクルを作るというのは重要なことです。

　さらに歴史が進み，20年を超えてくると市場も成熟し，グローバルベースでの競争が激しくなりました。何らかストレッチをしていかないと成長を続ける

のが難しい状況となりました。ストレッチをすることは困難を伴います。こうした場合，目標の意味合いというのが重要になります。単に成長しなければならないからというのは，社員に響かなくなります。より，成長の意義なり大義なりを強調する必要があります。これについては各社さまざまな工夫がされていると思いますが，筆者は市場全体が成長している中で，ユーザーに支持されるサービスを提供し，市場シェアをより獲得していこうというメッセージを出しました。市場成長率以上の成長をしないのであれば，顧客はサービスに価値を感じていないことになるということです。これは各事業責任者とも受け入れてくれて，責任者も組織の中で考えを浸透させてくれました。

　現状の積み上げだとどうしても弱気になりますが，数値を置くだけのストレッチは社内の疲弊を生むので，説得力のある大義というのは大切かと思います。

CFOの組織管理

［I］組織管理を取り巻く環境

1　経理・財務組織

　日本における経理・財務の組織に対する本格的研究は，1992年から1997年にかけて桜井通晴等が米国のジェブロンおよびキーティングによるアメリカ管理会計担当者の日本企業への管理会計ミッションとの共同研究として行われた研究がある。1997年に上場企業181社に対して行った調査によると，経理部ですべての業務を行っている企業は38%で，財務部と経理部を明確に区分している企業は19%となっている。このことから，日本の企業においては経理業務と財務機能が区分されていないことが特徴であるとしている。調査の前提は，財務と経理の区分においては，財務は包括的会計機能を含む場合があるとした上で資金調達・資金管理機能として区分し，**図表6-1**のようにタイプを3つに分類している。

　この調査結果での特徴は，経営企画室の役割である。経理部や財務部のほか

図表6-1 ■経理部，財務部，経営企画室の関係

タイプ1	タイプ2	タイプ3
経営企画室	経営企画室	経営企画室
経理本部	財務本部	経理部
経理部	経理部	財務部
財務部	財務部	

出典：桜井（1997）p.4。

に経営企画室を持っている企業は45％と半数近くに上った点である。日本の企業では，経営企画室や企画部，経営戦略室が中・長期経営計画，設備投資計画などの職務を担当しているとした。正確な数値は出ていないが，経営企画室が予算機能を含めている企業もあることが指摘されている。

経営目的達成のための効果的な企業会計システムにおいては，企業戦略の理解は不可欠であるが，組織上の課題が残る。また，多くの企業で行われている中・長期計画は，戦略と短期業績管理手法である予算との連携をとるために非常に重要なプロセスである。効果的な企業会計システムの効果的な構築および運営は，情報や知識の形成過程を通じて行う必要がある。

それは，戦略の設定，戦略に合わせた形式知化推進（戦術），そして，設定されたプロセスの確認とフィードバック，さらに，財務業績としての把握を行って外部財務報告の流れが途絶えることなく行われなくてはならない。2つの管理部門（経営企画室と経理・財務部門）は，戦略と予算・会計情報を分断したり，非効率を生じさせたりするリスクをはらんでいる。効果的な企業会計システム構築には組織的な工夫もしくは能力向上による管理者の俯瞰力が必要となる。

GEでは，経営企画室を設置せずに経理・財務部門をコントローラー部門とFP＆A部門に分割して，FP＆A部門が戦略の展開を含んだうえでの管理会計機能を担当し，CFOが双方を統括する組織を構築している。パナソニックや3Mにおいても，経理・財務部門員が事業部門の中に配置されて，事業部とともに事業戦略・計画策定・PDCAサイクルへの関与を高めている。

2　会計ビッグバン前夜と会計ビッグバン

新時代の経理・財務の組織や役割を考えるときに，管理部門全体の変遷を理解する必要があろう。

戦後から高度経済成長時代には，経理部，財務部，経営企画部や社長室，労務部が管理部門として設置された主な機能組織である。経理部は，簿記を主軸に会計報告を行い，財務部は，メインバンクシステムを支える企業側の職務を担うために設置された。労務部は，小さい本社と大きな現場を支えるために，組合を含め労務業務を中心に構築された。事業部制導入までは，社長が戦略を設定する主体であり，社長の戦略をサポートする機能として経営企画部や社長室などが設置された。

　米国を中心に展開されたコントローラー機能は，日本でも当時の通産省が推進を試みたが，日本では全く採用されなかった。背景としては，株式市場の機能が弱かったことに加え，メインバンクシステムが社会経済基盤として構築されたので，会計が企業経営の指針として使われず，外部への経営報告としての会計の必要性は高くなかったことなどが挙げられよう。さらに，戦略設定やモニタリングには経営企画部や社長室が機能していたので，会計からは分断されたプロセスが設計された。

　その後，労務部は人事部として所管を広げたが，人材育成に関しては従業員が現状職務を遂行することに主眼が置かれ，終身雇用支援体制がとられたので経験知は暗黙知によって現場で伝承されていった。事業部制などが採用されるにつれ，戦略設定主体が事業部へ展開され，社長室や経営企画部の役割も変質を遂げていった。

　経理部でのそろばんや製造現場の紙ベースでの生産管理からITシステムへの技術革新に伴い，情報システム部が創設されて情報処理を統轄するようになる。しかし，経理部の責任範囲は，変更されることはなく依然として過去の会計処理と決算業務にとどまり，使うツールが変更されただけであった。

　わが国で1999年から会計ビッグバンが展開されたこととバブルエコノミーが崩壊したことは，社会的に大きな変革を求める結果となった。会計ビッグバンでは，連結会計，時価会計，キャッシュフロー計算書が導入されて，外部報告には大きな影響を与えた。

　しかし，経理部自体に変革が起きた事例は多くなかったようだ。連結主体での管理会計を導入できなかったことが，経理部が変革しなくても影響が少なかった要因と考えられる。

　また，この時期に米国では，複雑化・高度化した株式市場からの経営要求に応えるため，コントローラー機能の分割を行い，コーポレートアカウンティング，IR，そして戦略実行を司るFP&Aなどが展開された。財務部や内部監査を加えて，全体を取りまとめるCFO機能へと発展していった。

　財務部が置かれている状況では，バブル経済の崩壊がメインバンクシステムの解消へつながった。しかし，株式市場へ資本コストを踏まえて報告する概念が弱かったこと，さらに，成長が鈍化して資金需要が減ったため資金調達の緊迫性も弱まり，財務部の力量自体も鈍化したことが指摘されている。

　会計ビッグバンやバブル経済崩壊などがあったものの，少なくとも経理・財

務の体質は変更されずに今日まで続いている。

3　会計ビッグバン2.0

　現在の社会の変化は，経理・財務部門が旧態依然として存在できる状況にはなく，組織を構築する経営陣や業務責任を持つ中間管理職が危機感を持って取り組まなければ，若い経理・財務部門員を路頭に迷わせる結果になりかねない。現在，起きている現象は「会計ビッグバン2.0」ともいえる状況であり，具体的には統合思考の導入，ROEやROICなど資本コスト概念を組み込んだ経営体制の要請，そしてビジネスのデジタル化の波である。

　統合思考は統合報告書の基礎になっている指針で，①焦点を戦略へ，②情報の関連性，③将来志向，④ステークホルダーの包含性と対応，⑤簡潔性，信頼性，および重要性である。そして，「統合」の最も重要な意味合いは，財務情報と非財務情報の統合である。

　財務情報の中でも，特に，資本コストへの取組みは日本においては最重要課題でもある。これらの動向に対応するためには，経営理念から戦略へ展開する中で，事業戦略と財務戦略の設定と遂行を包括的に進める必要があり，CFO組織の中で包括的に取り組むことが経営効率的にも好ましい。

　米国系企業では，FP&A部隊が戦略設定から関わり，戦略伝達としての予算設定，戦略実施状況のモニタリング，事業部へのサポートを取り仕切っている。日本においては，この機能は経営企画部と経理部で分割され，さらに，経理部は決算業務の機能も持っているので非効率的である。

　資本コスト経営の要請は，資本政策と事業収益を結びつけるものであるが通常，この両者間にはギャップが生じる。このギャップを埋める取組みを支援するのがCFO組織の大きな責務になってくる。そして，その責務を遂行するためには，非財務情報を包括した価値創造プロセスを推進していくことが求められる。

　デジタル化の波は，データ処理を主軸に置いていた経理・財務部門の業務体制を根本から覆してしまう。データが組成される現場でデジタル化が行われ，ERPなどで包括的に管理集積されるので，もはや経理・財務部門の出る幕はない。

　主要な定型レポートは自動組成され，情報処理技術にAIが加わると，会計基準適用判断までもが経理・財務部門を通さずに実行されることとなる。内部

監査の観点からも，人海戦術であった監査業務もシステム設計の中で包括されるであろう。会計ビッグバンでも大幅な変革を経ずに存続し続けた旧来型の経理・財務ではあるが，会計ビッグバン2.0 の波を避けることはできないであろう。

［Ⅱ］CFO組織に要求されるスキルセットの変化

1　CFOや経理・財務部門に求められる役割とスキル

　デジタル化やIOTの波が押し寄せて，いままで暗黙知化されていた情報や分断されて孤立していた情報が形式知として共有化が加速度的に進んでいる。しかし，競合会社と同様の形式知化を進めている限り，見えている情報での経営判断においては大きな差はつかない。勝つためには，情報が少なくなって見えない世界や暗黙知をどれだけ保有しているかが大切な要素であり続けるであろう。つまり，IOT世界が始まっても，勝てる世界は見えない世界で決定する。見えない世界に切り込むためには，幅広い見識や好奇心など規則やルールで確定されている枠組みを超えて物事を見る洞察力が必要である。しかし，経理・財務部門員がこのスキルを習得するにあたり，今までの行動パターンが阻害する要因にもなる。一方，見える世界で生き残ることもできる。しかし，IOTによって見える世界が大きく広がり，AIにより処理速度が驚異的に上昇する。見える世界で勝負するのにエクセル技能や簿記知識では立ち行くことはできず，データアナリティクスのスキルは必須となるであろう。この見える世界と見えない世界の方向性は相反するものなので，特に若い経理・財務部門員はどちらで勝負するのかを早期に決定する必要があろう。

　CFOにとって事業支援とファイナンスの知識はどちらも必須となるが，経理・財務部門は，画一的な会計知識重視から，FP&A部門などの事業支援体制機能と，ファイナンス・トレジャリー機能に分割されていくであろう。

　事業支援では，事業環境を自身で分析できる能力が求められるとともに，第2章で取り上げた自社の事業における価値創造ドライバーを把握し，フレームワーク化やKPI化によって経営管理体制に組み込む能力も求められる。一方，ファイナンス・トレジャリー機能では，第4章で取り上げたように金融理論の知識は必須になり，さらにリスクとともに自社における適切な資本コストの設

定やキャッシュベースでの経営管理能力も求められる。

　いずれの機能でも，より高度のコミュニケーションスキルは必須となり，決算書やレポートを出して自分の仕事は終わるという時代とは違い，コンピューターを含む他者が作成したレポートをわかりやすく説明できるスキルがますます重要となる。

　CFOの企業経営でのステータスが上がることにより，CFOがより経営責任を取ることとなり，戦略遂行やリスクテイクにも深くかかわることになる。しかし，会社を守る最後の砦としての機能は依然としてCFOや経理・財務部門に残る。

　内部監査チームは今まで以上に強化されるべきであり，IOT時代になっても経理部に残る社員の職務責任はコンプライアンスの徹底である。職業的懐疑心は，外部監査人の世界では強く求められてきたが，企業内で会社を守る責務に就く場合にも，同程度の職業的懐疑心を持つ必要があり，さらに人間的な正義感も要求される。内部者として企業を守る責務については，外部者よりも精神

図表6-2 ■CFOに要求される知識とスキル

分　野	過去から現状	現状から将来
情報関連	情報処理力（TS）	情報分析力（CS）
会計関連	会計知識（TS）	会計展開力（CS）
基盤スキル	レポート伝達力（HS）	行動変化推進力（HS）
応用能力（業績）	利益状況の報告（TS）	価値創造推進能力（HS）
応用能力（SECI）	形式知掌握能力（TS）	暗黙知掌握能力（CS）
重点項目	形式知 ⇒ 形式知（連結化）（TS/CS）	暗黙知 ⇒ 形式知（表出化）（CS）
要求精度	正　確　性	迅速性（正確性はIOT）
戦　略	対　象　外	戦略具現化力（CS）
予　算	予算設定力（TS）	戦略伝達力（HS）
思考視野	歴史思考	将来思考
環境分析	企業内財務関連環境	市場・マクロ経済環境
文化構築力	対　象　外	高尚な文化構築（HS）

（注）　TS－テクニカル・スキル，HS－ヒューマン・スキル，CS－コンセプチュアル・スキル
　　　　出典：昆政彦作成。

的負担も大きく，人間力の強化訓練も絶えず行っていく必要がある。

　CFOが持つべき知識とスキルと資質は，**図表6-2**のとおりである。

　CFOが今後見つけていくべきスキルや素養は，会計知識などのテクニカル・スキルではなく，影響力などのヒューマン・スキルや問題解決力や状況把握力など，概念化能力であるコンセプチュアル・スキルが中心となる。したがって，経理・財務以外の部門からCFOになることも可能であり，一方，経理・財務部門員は，将来的にCFOのポジションを狙うのであれば，経理・財務部門に留まるよりは事業部などへのローテーションが必須となってくるであろう。CFOの上記に挙げたスキルに加え，CFO組織を変革する必要があるので，組織変革能力や部門員に対する教育制度も充実させる能力が必要であろう。

2　財務部門の変化とスキル

　財務部門は，資金逼迫時には資金調達の主要な機能を持ち戦略的にも重視されていたし，現在でも資金逼迫状態での経営を強いられている企業や中小企業では大きな変化はない。しかし，フリー・キャッシュフローがプラスの状態が続き手元資金が豊富に残っている企業においては，戦略的意味合いが弱くなることは否めない。財務部門員への教育の内容であったり，育成計画自体が作成されなくなったりしている状況は，残念ではあるが現実の姿と受け止めざるを得ない。

　しかし，財務部門を取り囲む状況は大きく変わってきている。まず，戦略環境では資本コスト経営が強く意識されるようになった。資本コスト経営時代に入り，コーポレート・ファイナンス機能が単独の財務戦略から事業戦略と結びついた全社戦略に組み込まれることとなった。社内での注目度も一気に上がり，トレジャリー機能も強化することが求められるようになる。コーポレート・ファイナンスが対外的な役割，会計では財務会計的な役割を果たすのに対し，トレジャリーは，社内におけるプロセスを整える役割，会計では管理会計的な役割となる。財務部門はその両方を司ることが求められている。

　技術的な側面では，デジタル化が財務部門の業務内容を大きく変化させている。金融関連の現物を取り扱う必要上からプロセスはアナログ形式が多く残り，小切手，手形，契約書類，送金依頼書，領収書，請求書まで枚挙に暇がない。

　しかし，会計ビッグバン2.0とも言える今回のデジタル化の波は，旧態依然としている財務部門関連のプロセスを一気に変質させる。その根底にあるのは，

フィンテックなど金融業界を取り巻く技術革新が大きく進み，銀行が大きくデジタル化に舵を切っていることがある。そして，クラウド上での情報管理は，多大なITシステム投資を必要としないので，デジタル化への傾斜は加速度的に進むと思われる。

　デジタル化が急速に進む中で，財務部門が担うべき役割の第1は，グローバルでの資金管理手法の導入である。デジタル化が進むことにより，多国籍企業におけるグローバルでの情報管理の質を格段に上げることが可能になる。さらに，資本コストマネジメントが主要戦略となり，財務部門が実行部隊として機能しなければならない。IRと協働しながら適切な資本コストを設定する能力も問われるようにもなる。余剰資金を豊富に持つ企業は，今後株主や外部のステークホルダーから厳しい要求を突きつけられることにもなるので，短期のみならず長期視点での管理戦略も重要になってくる。

　リスク管理機能に対する考え方も変わってくるであろう。今までも，流動性リスク，与信リスク，為替リスクなどは財務部門の範疇となっていたが，今後は，事業リスク，地政学的リスク，規制リスクなどにも範疇が広がっていく。あらゆるリスクが，ビジネスに影響を及ぼす時には，初めに財務関連項目で問題が発生する。地政学的リスクや規制リスクでは，資金移転ができなくなることが多く，あらゆるリスクの拡大は為替や金利に跳ね返ってくる。また，資金コストを司るうえでは，投資や事業計画に使用するハードルレートへのリスクファクターの付与を管理しなければならない。

　財務部門は経営管理機能にも深くかかわることになろう。今までは，キャッシュが経営管理に使われることも少なかったので，事業経営とは別に資金保全の視点で業務を遂行することが主要な任務であったが，これからは事業経営そのものにも加わる必要がある。たとえば，投資における判定では，NPV，IRR，回収期間法の主要3法で投資判断を行うことが多い。また，M＆Aなどでは，EBITもしくはEBITDAなどのMultipleやIRRでの投資判断が中心である。

　しかしながら，実績評価では会計主軸で行われることが多いようである。これは，技術的な課題からキャッシュベースでの管理手法が導入できなかったことが主要因であった。しかし，資本コスト経営管理や株主への説明では，将来のキャッシュ稼得能力も主要な外部コミュニケーション指標となってくるので，経営管理上でも織りこまれるようになるであろう。

　財務部門員が持つべき知識，スキルおよび資質は以下のとおりである。

- 資金調達に関して，金融商品の知識，それぞれのリスクとメリットを理解し，適切なタイミングで適切な商品を選択できる。
- 与信レベルを高めるための活動ができる。
- 自社の最適な資本構成（Capital Structure）の実現に向けた調達・運用を行うための会計知識を持っている。
- 金融，金利，為替，株式市場などの専門知識を有している。
- 資金管理を最適化するための税務戦略の策定，理解，実行ができる。
- マクロ経済や金融市場情報に常にアンテナを張っている。
- 金融市場や経済状況に影響を及ぼす政治的動向への関心を持っている。
- 与信上のリスクを的確に把握し，必要があれば取引先と交渉をし，かつ適切な保全措置を取ることができる。
- 自社の戦略，事業状況および取引先の業界・企業状況を把握している。
- 取引先や銀行と良好な関係を保ちながら，場合によってはハードな交渉を行うことができる。
- トレジャリーとしての業務を遂行するための高度なコミュニケーション能力を有している。

3　内部監査チームの変化とスキル

そもそも，内部監査チームを持たない企業も散見されるが，粉飾決算などの企業不祥事で大きく信頼を失う事例が相次いでおり，コンプライアンスが重視されているビジネス環境において，内部監査チームの設置を検討すべきであろう。しかし，すでに内部監査チームを有している企業においても，デジタル化やAIの潮流の中で内部監査チーム人員の持つべきスキルセットは大きく変わってくる。

スキルセットの変質を求める大きな動きに継続的監査（Continuous Audit）が挙げられる。継続的監査概念は新しいものではなく，1980年頃から議論されてきたものであり，決算処理によりデータを情報化するプロセスを待って監査を行うのではなく，リアルタイムでデータ状態，つまり取引レベルでモニタリングを行って異常を検知することでリスクを適時に把握して改善を図る手法である。

今まで，積極的にこの手法が採用されてこなかった背景にあったものとして，大量のデータを取り扱う必要性が認識されてこなかったことやシステムの分散

化によりデータの束をつなぐ連結性（Data Connectivity）が欠如していたこと
などが挙げられる。

　データの束とは，CRM（顧客・営業・マーケティング管理），SCM（契約・受
注管理，発注・購買管理，出荷・請求管理），経理・財務（試算表管理，勘定別元
帳管理，決算処理），人事（給与，勤怠管理）などである。しかし，デジタル化
によりデータ連結性が実現しており，さらに，AIの活用から異常値の検出精
度も各段に上がってきている。

　これまでの，内部監査人の典型的な人材像としては，経理・財務部門などで
長年経験を積み，基幹システムに精通しているものの，監査実務となるとアナ
ログ的なアプローチを取る人というのが一般的であろう。また，年功序列での
組織体制であったため，年齢が高いことが職務上優位性を保っていたので定年
間際の人材が会社へ最後のご奉公を行う職務として捉えられてきた傾向が強
かったと思われる。

　しかし，この年齢層では，データアナリティクス技能を新たに身につけるの
はハードルが高い。企業内ビッグデータを扱うことにより，継続的監査を行う
ことにとどまらずビジネスに価値を生み出す提言も可能となるので，将来的に
はデータサイエンティスト的なスキルセットが要求されてくる可能性もある。

　新時代の内部監査チームに組み込むべき重要な機能は，経理・財務部門の人
財育成機能である。そもそも，内部監査の職務は，職業的懐疑心を根底に持つ
べき職務であり，ビジネスリーダーとして必要なクリティカルシンキングのス
キルに通じている。また，監査業務は，営業，技術，マーケティングなど会社
業務プロセスの１つの分野に集中的に従事するものではなく，全社のプロセス
をくまなく横断的に網羅するものなので会社全体像を把握することができる職
種である。この経験を積むことにより，全社活動を俯瞰することができ，視座
を一段高めることが可能となる。

　さらに，監査指摘と改善提案の伝達先はシニア層であるので，自分より高い
職位の人たちに効果的に伝達するコミュニケーションスキルも高められる。こ
れらを踏まえると，内部監査チームに経理・財務部門員のリーダー養成機能を
付与し，若年層をローテーションに組み入れることにより効果的な人財育成モ
デルを構築することができると考えられる。

　今後，監査にはITリテラシーが高い人財が必要であること，経理業務がIT
化されることで数字から全社を俯瞰する業務が経理部門内には少なくなること，

グローバル化の進展や資本コスト経営への舵取りなどから不正に対するリスクが高まり，内部監査業務の効果の重要性が高まってくることなどから内部監査チームの発展的改革が求められている。優秀な若年層を内部監査チームにローテーションをして送り込み，5〜6年経験させることで，人財育成と新時代におけるコンプライアンス強化の両輪を果たす仕組みの構築は大いに検討されるべきであろう。

　内部監査チーム人員が持つべき知識，スキルおよび資質は，以下のとおりである。

- 自社が関わる事業や会計に関する規則の知識を持っており，さらに，常識変更や規則変更に対する社会の動向へアンテナを持っている。
- 監査業務に関するプロセス，具体的には監査計画・監査手続・監査調書のフローを設計し，実行することができる。
- 自社が関わるリスクを理解して，適切な内部統制や監査を実行することができる。
- 職業的懐疑心やいかなる不適切な要求に対しても毅然とした態度をもって職務に当たることができる。
- 監査業務を行ううえで適切なITスキルを持っている。
- 監査対象には，不適切のみならず不効率に対しても課題や問題を指摘できるビジネス・アキュメン（商才）も兼ね備えている。
- 認知できた問題や課題を，いかなる階層に対しても発信できる能力を持っている。
- 自社の戦略，事業状況および取引先の業界・企業状況を把握している。

4　経理部門の変化とスキル

　デジタルテクノロジーの進展により，最も影響を受ける部門が経理部門である。これまで経理部門員は，簿記の知識とスキルを身につけなければ仕事にならず，深い会計知識と高い簿記のスキルは，経理・財務部門員の誇りでもあり，キャリアモデルとして崇められていた人財像でもあった。

　まず，経理部門のあり方に大きな変化をもたらすことになる新しいテクノロジーについて確認していきたい。基幹システムそのものの変化としてとらえるべきERP，経理部門の作業方法や人財に要求されるスキルに影響を与えるRPA，そして，会計情報の保管および共有の発想の転換をもたらすクラウド

を例に挙げる。

① **ERP**：SAPやオラクルなどのERPシステムの世界的な導入が進んでいる。今までもシステム化は進んでいたものの，業務領域ごとの業務システムの導入と各々の個別システムをつなげることで手作業の会計業務のITシステム化にとどまっていた。今までの方法では，業務プロセスそのものが変化するのではなく，手作業のシステム化にとどまり，決算業務は，個別業務システムごとに確定作業が行われた後にバッチ処理により進められた。しかし，現在のERPでは，すべての業務プロセスが基幹システムの中で行われるので，業務プロセスそのものを大幅に変化させる必要があり，経理部門にてインプットする会計情報はほとんどなくなる。

② **RPA**：ロボティクステクノロジーの中で，経理・財務分野に展開されているソフトウェアロボットである。あらかじめ定義された動作を機械的に実行するもので，画面上の表示やキーボードによって入力された情報なのでERPに取り込めなかった業務の自動化，省力化に役立つ。

③ **クラウド**：ネットワーク経由でアクセスすることが可能であり，会計関連情報などを格納して共有することができる仕組みである。クラウドを導入することの利点は，大きな投資が不要なことである。事業環境や経営環境の変化に柔軟に対抗することができることも大きなメリットである。

　上記が主なデジタルテクノロジーであるが，他にもAIやビッグデータ解析などにより，現在の経理の業務プロセスは大きく変革を遂げることになる。それに伴い，経理部門員に要求されるスキルや経験は，会計知識，簿記技術，情報処理力などから，情報解析力，会計の展開能力，データアナリティクスなどに大きく変わるであろう。経理部門では，情報システム本部の一部と思われるような業務内容と要員のスキルセットが求められてくる。

　現在の経理部門員で，そのようなスキルセットを持つ人材は少なく，新たに若年層を中心に人財の確保を行うこととなる。ただし，社内会計基準の設定や運用に関しては，経理部門が依然として中心的役割を果たすことに変わりはない。簿記の技術的な素養への要求は減っても，会計知識の深さへの要求は変わらない。手作業で処理を経験しながら学ぶことから，短期間に知識として習得し，システム構築や運用に展開する能力が必要になろう。

　経理部門の将来像と要求されるスキルと経験への理解は，社会情勢から容易

に進むと思われる。しかし，実務現場で問題となるのが，現在すでに多くの旧来型経理部門員を抱える中で，どのように次のステップに進むべきかである。この問題へのアプローチは，企業ごとに進めるには限界があり，社会として解決していくべき課題であろう。

　まず，会計従事者への教育システムとして簿記技術習得の学校や大学でのカリキュラムを即座にデータアナリティクス習得へ変更し，社会人も容易に学べる機会を提供すべきである。日本では，40歳以上の学位習得率は，OECD諸国の中でもかなり低い。中高年層のリカレント教育受講意識を高め，キャリア変更やスキル変更への躊躇を取り除いていかなければならない。

　次に，現行の会計処理業務のアウトソーシング化を進めて，人がいるので仕事を残すから短・中期的にシステム化，ロボット化されうる職務は早期に社外へ出し，アウトソーシング会社での集約を進めるべきであろう。深い会計知識習得に関しては，公認会計士の活躍の場を変えていく必要もある。公認会計士資格保持者が，事業会社で働く事例はかなり増えてはいるものの，米系企業に比べるとまだ稀な例にとどまっている。

　米国では，事業会社の経理部門で職務を遂行するにはCPAを取得することが常態化している。日本でも，会計士試験制度の改革を進めるなどの取組みはあるものの，独立監査人になるための登竜門としての立ち位置から脱していない。公認会計士資格保持者が事業会社で活躍できる仕組みと資格制度の見直しは必要であろう。たとえば，二次試験合格者に資格を与え，三次試験合格者には免許を与えるなど現状の仕組みを大きく変えることなく進められる取組みである。

　経理部門員が持つべき知識，スキルおよび資質は，以下のとおりである。

- 会計規則と法規に関する深い知識と会計基準の動向を探るアンテナを持っている。
- IOTに関する知識を持ち，自社に適用できる機能を積極的に取り入れることができる。
- デジタル会計情報の分析を行うためのデータアナリティクスの知識を持っている。
- 業務フローを，過去にとらわれることなく新たなデジタルツールの導入に合わせたり，非効率業務を改革したりすることができるプロジェクトマネジメントのスキルを持っている。

- 財務実績および会計処理が財務実績に及ぼす影響について，内部に関しては マネジメントに対する，外部に関しては監査人に対する適切なコミュニケーション能力を持っている。
- 有価証券報告書など外部会計報告に関する知識と作成能力を持っている。
- 統合報告書などの非財務情報に関する動向や知識を持ち，自社が創出するアウトプットとアウトカムを理解してKPI策定をすることができる。

5　FP&Aに期待される機能とスキル

FP&Aは，日本にはまだ馴染みのない部門であるが，CFOが企業価値向上機能を実践していくためには不可欠の部門である。

FP&A部門を持たず，既存の経理部門や財務部門に新たな機能を加えても効果は薄い。また，CFOの傘下にない経営企画部門に企業価値向上機能を加えても機能しないであろう。CFOは，第一関門として財務的に測定できる企業価値の向上を目指し，さらに，社会的価値視点からの企業価値向上を目指さなければならない。

CFOが，財務業績達成を主軸に持たない役員の傘下での経営企画部門を効果的に動かしていくことは難しい。経営企画担当役員も財務業績達成を主軸にしている場合には，コーポレート・スタッフの異なる役員が同じ責任を持っていることとなり，経営管理上不効率を生む経営体制である。

FP&A機能をいち早く取り入れたGEではファイナンス部門の望ましいファイナンス人材像を以下のように規定している。

- コントローラーシップを重視し，会計やレポーティングシステム管理に精通していて積極的に，取り組むことができる。
- 最新のツールとベストプラクティスの活用ができる。
- 結果を重視し，リスクを最小限に抑える，他の文化への適応能力がある。
- 単に数字の記録者ではなく，戦略的に外部にフォーカスした思考力を持つ。
- バランスのとれたビジネスマンであり，部門を超えた視野と影響力を持つ。
- 優秀なリーダーであり，高いコミュニケーション能力を持つ，頼りがいのあるビジネスパートナーであるなど，ビジネスにおけるファイナンスの役割を明確に示すことができる。
- 多様なバックグラウンドを持ち，世界に通用する人材を見極め，育てることができる。

　最初の2項目は，経理部門員や財務部門員にも共通するものであるが，結果重視，戦略的に外部へのフォーカス，部門を超えた視野と影響力，頼りがいのあるビジネスパートナーなどは，旧来型の経理・財務部門員に求められていたスキルとは明らかに異なり，FP&Aを組織内に取り込んだCFO組織が求められるスキルである。その役割の中心は，当然FP&A部門となるので，FP&A部門員に必須のスキルであるといえる。

　GEファイナンス部門の望ましいファイナンス人材像で示されたスキルも含めて，FP&A部門で必要なスキルは，以下のように変革が求められる。

- 情報関連：情報処理能力から情報分析力へ。
- 基盤スキル：レポート伝達力から行動変化推進力とコミュニケーション能力へ。
- 応用能力：利益状況の報告から価値創造推進能力へ。会計数字の裏側を読み取る能力を持ち，業界や競合分析，価格分析，組織診断などにも深くかかわることができる能力。
- 要求精度：正確性から迅速性（正確性はIOTにより代替される）へ。
- 戦略：対象外であったが，戦略具現化力。
- 予算：予算設定力から戦略伝達力。高い目標を掲げ，何があっても実行する厳しい経営姿勢と高い要求水準を持つ。
- 環境分析：企業内財務関連環境分析力からマクロ経済環境分析力へ。

　今まで経理・財務部門ではテクニカル・スキルが非常に重視されてきたが，これからは，事業部の人を動かす影響力が重視されるので，コミュニケーション力を含めたヒューマン・スキルのカテゴリーへシフトする。さらに，戦略的パートナーとなる必要性から，FP&Aの上位責任者やCFOは，コンセプチュアル・スキルが最も重視されるスキルカテゴリーとなる。

　特に，現実を的確に理解し，当事者意識をもって説得力のあるコミュニケーションが取れること，さらには，課題に対して当事者意識をもって対応するためのプロジェクトマネジメントスキルも必須である。

　習得の教育も大きく変質すべきで，簿記を中心とした基礎教育からMBAなどの広い分野での知識取得が求められる。さらに，コンセプチュアル・スキルについては，アクションラーニングなどの疑似実践型トレーニングも有効なトレーニングとなろう。

事例紹介6　GEのファイナンス組織　　　　　　　　　　　　（昆　政彦）

(1)　20世紀前半におけるGEのファイナンス部門

　GEは，1920年代に管理会計理論発展の過程の中で重要な役割を果たしたコントローラー制度を経営管理推進策として取り込んでいます。GEでは伝統的にコントローラーは経理部の長であり，職務上は社長の配下でした。これに対して財務部はこれとは全く異なった組織で，1950年代を通じて財務部長は会長の支配下とされていました。その後，経理部と財務部は統合されましたが実質的役割区分は不明確でした。

　したがって，1930年代以降，GEファイナンスには2つの経理・財務部門があったと考えられます。それは，派遣監査担当者を抱えるコントローラー部門と，各製品グループやラインに属している財務部門スタッフです。当時のGEでは多少の混乱があったと考えられますが，2つの経理・財務部門の権力争いが双方の専門性の向上や社内地位の確立を増幅させて，最終的には事業部の活動を財務目標に無駄なく合致させることに成功させた要因とも考えられます。また，2つの経理・財務部門の併用は現在のGEファイナンス部門の特徴的機能であるCAS-Corporate Audit StaffとFP&Aの原点であり，GEは2つの経理・財務部門の混乱を適切に発展へと転換させることに成功しました。

　GEがファイナンス部門を適切に発展させ，成功した要因としては，教育制度があります。1920年までに設立されたBTC（Business Training Center）プログラムはファイナンス部門の主要なポジションへの任命基準としての機能と財務担当者がファイナンス部門の一員であることを意識づけるチームビルディングとしての役割も果たすことになります。このプログラムの卒業生であることがファイナンス部門担当者としての自信の源となり，より困難な職務への挑戦意欲をかきたて，さらに，優秀な人材の獲得にも寄与し続けていました。

　BTCはその後，Financial Management Program（FMP）に名称を変更し，現在でも2年間のファイナンス部門人材育成プログラムとしてGE内部のみならず，GE外部に対しても優秀なファイナンス部門人材の供給源としてその存在価値を高め続けています。

(2)　GEのファイナンス組織

　組織上でのGEの企業会計の中心はCFOの役割です。GEの本社のCFOのほか

に，各事業ユニットに事業ユニットCFOが存在し，そして，さらに細かく分割された事業部単位，子会社や外国での事業会社にもCFOを配置しています。

　本社CFOと事業ユニットCFOの役割の大きな違いは，本社CFOはIRを中心とした外部への財務報告の責務を担っていますが，事業ユニットCFOは直接的にはその責任は負わないという点です。事業ユニットCFOにとって外部報告の責務以外についての責任範囲は本社CFOと同じであり，異なる点は規模の違いだけです。したがって，GEオペレーティング・システム（中期計画，予算，四半期ごとの進捗検証）を推進することがCFOの大きな任務です。

　財務諸表を正確に作成するだけにとどまらず，事業家としての業績責任を担ってます。また，CFOを中心としたグローバルでのファイナンス組織が，事業活動的にも地域的にも複雑に入り組んだ経営組織体系を効果的に結合する役割を果たしています。GEで規定されている望ましいファイナンス人材像では，会計の基本であるコントローラーシップ，最新の経営管理ツールの取得，リスク管理にとどまらず戦略的な外部志向，経理マンではなくビジネスマンとしてのバランス感覚，コミュニケーション能力などの習得を要請しています。

　CFOが責務を遂行する上での組織上の特徴的な機能は，戦略設定，予算配賦，実績モニタリング，戦略改定機能です。FP&Aをいち早く取り入れた米国企業の1つがGEです。GEのファイナンス部門ではFP&Aが販売・製造・保守・技術部門と戦略の設定から日常業務での目標管理，改善，および推進活動への提言を行っています。GEのFP&A部門の配置とCFO組織の組織図を**図表6−3**に示します。

　一般的な企業においては，同様の機能を持つ部門は社長室や経営企画室として存在する例が多く，独立した形でこの機能を持たずにファイナンス部門の中に配置することの優位性は，以下の点から考察できます。

①　外部報告用の財務諸表を作成する部門と内部管理の機能を同じ部門で行うことにより，双方の関連性を高めることができ，全社最適の意思決定に役立つ。

②　各部門のKPIの進捗状況と財務諸表を解説することが可能となり，各部門が財務目標に直結する行動を誘導することができる。

③　また，フォワード・ルッキング会計を取り入れることにより，会計情報の流れとオペレーションの流れを一致させることができる。財務目標を各部門の個人レベルの業績目標とつなげることが可能となり，財務目標への

図表 6 - 3 ■ GE Financial Planning & Analysis

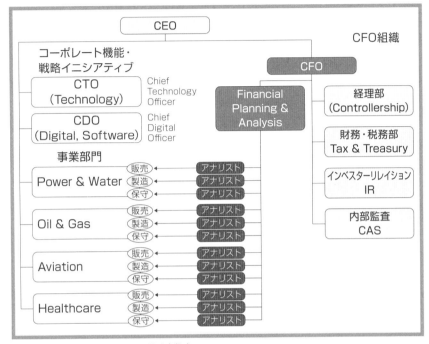

出典：GEウェブサイトなどから昆政彦作成。

全社的意識を高めることができる。

④　さらに，事業部門の管理職は，絶えず財務諸表への貢献を意識するので，
経営する視点での人材育成も日常業務の中に組み込むことが可能となる。

第7章 CFOは期待に応えているか

［Ⅰ］ 社長や事業担当役員支援

1　社長や事業担当役員の求めている時間軸

　CFOのポジションが創設された背景を考えると，経理・財務部門およびそのリーダーに期待される役割も変化してきている。そして，CFOが取り扱うべき会計情報についても視点を変えるべきである。

　われわれ経理・財務部門は，なぜ過去志向へ導いてしまうのだろうか。特定の人材の問題なのではなく，会計そのものに問題が潜んでいる。そもそも，会計には歴史概念が含まれている。簿記は，16世紀にイタリアで開発されたとされているが，その目的は冒険家の商売渡航への出資家が成果の分配を測定することから始められた。簿記は経営者の会計手法ではなかったのである。

　簿記は確定事象から数字を組み込む手法なので，本質的に歴史概念が埋め込まれていた。さらに，20世紀以降，株式市場への報告を主目的とする財務会計では，虚偽報告は最も避けるべき行為であり，厳しい罰則も科される。したがって，通常の良心を持った経理・財務マンであれば，過去志向は基本行動に組み込まれている。さらに，株式市場への虚偽報告を防ぐ唯一絶対的な方法は，過去の確定事象のみを報告することである。将来の数字は不確定要素が多いので，異なったときに虚偽とみなされることを避けようとするのは本能である。

　過去概念を重視する財務報告はそれなりの価値はあるが，デジタル時代を迎えるにあたり，過去の確定事象に数字を組み込むスキルはコンピューターやAIの最も得意とするところである。このスキルは人間の職務から奪い取られる有力候補の一角を担っており，われわれは，この領域に固執しては，経理・

財務パーソンの将来はなくなり，経理・財務部門そのものの存続意義にも関わるので，ビジネスサポートを主軸にするCFOとしては，過去情報のみに頼ることなく，実際のビジネスと同期をとりながらサポートしていくことが必要である。

　経営会議やビジネスレビュー会議で，財務数字で事業を検証するときに過去の財務諸表を使っていないだろうか。社長や事業担当役員の参謀役であるべきCFOや経理・財務部門が，会社全体の視野を過去に引き付けていないだろうか。PDCAを展開するには，経営判断からより大きな効果を出すことを考えなければならない。時間が将来へ延びれば延びるほど，経営意思決定の効果や適用範囲は大きくなる。

　しかし，今月の財務数字に対しての修正アクションは，生産途中の項目について決断をする程度しか裁量の余地は残っていない。今後6カ月間であれば，新規受注，生産活動，マーケティング新機軸などの広い分野をカバーする可能性がある。さらに，数年後であれば，新製品開発，人材育成まで広げることができる。社長や事業担当役員の視点は，より将来へ，より社外へ向いているのが通常である。

　CFOや経理・財務部門が信頼されてはいるが，過去数字のみでの経営支援をすれば，社内全体が過去志向に陥り，経営裁量権を縮める方向へ導いてしまう。この問題に気づいている社長や事業担当役員は，過去へ導くCFOや経理・財務部門を経営管理の主要業務から外していくだろう。いずれにしても，CFOや経理・財務部門にとって好ましい状況ではなくなる。

　社長や事業担当役員は，現在遂行している戦術や，これから実行する戦略の財務的有効性を知りたいのである。先月の財務数字の分析から3カ月前に生産した製造原価の材料の価格差異や，6カ月前に受注活動を行った価格設定の課題を今更ながらに追及されても，手の打ちようがないか，すでに対策を実行済みである。

2　勝つ社長の見ているもの

　ビジネスは競争でもあるのでCFOの使命は，社長を社長として成功させること，社長が思い描いている経営を実践できるようにすることとなる。つまり，社長を"勝たせる"サポートを行うことである。

　社長や経営者になる人たちは，皆一様に相当高いレベルでの事業実態や見込

みビジネスの魅力度を把握する力は持っている。したがって，財務諸表や
MBAで学ぶフレームワークで容易に白黒つけられる判断は勝てる要因ではな
い。

　たとえば，M&A案件や新規事業機会での投資である場合には，誰が計算し
ても大きなリターンが見込まれる結果になるとする。その案件では，競合や新
規参入が一気に押し寄せるので，遠からずレッドオーシャン状態に陥る。最終
的には，その分野で勝つことは難しく，負けなければよい程度の判断となって
しまう。

　したがって，財務情報のみで判断して勝てる要素は少なく，計算が得意であ
るとか，会計基準を十分に理解しているということはほとんど役に立たない。
もっとも，そのようなスキルはデジタル世界では人間に要求されるスキルでは
なくなっていく運命にある。

　では，勝つ社長が見ている世界はどのような姿であろうか。他人の分析や財
務情報での判断では，難しい案件に算出されるが，自分にだけはもっと輝かし
い状態が見えたり，自分だけが勝てる手法を思いついたりしている。

　つまり，その社長にしか見えない世界がある。しかも，社長は，見えてはい
ても自ら形式知に直すのが難しいことが多い。明確に表現できなければできな
いほど勝てるチャンスは大きくなる。なぜなら，他人にはよりわかりにくい状
態なので他者の参入やバトルを避けることができるからである。

　一方，CFOの役割は，社長の考えている戦略を理解し，形式知に展開して
関連社員に伝達と実行を促すことであるが，社長しか見えない世界での戦略は
この展開が非常に難しい。まず，明確でないほうが勝てるチャンスは広がるも
のなので，社長からの明確な説明は期待できない。CFOには，社長が思い描
いていることを感じ取り，形式知に展開する能力が求められる。完璧に形式知
化することは不可能なので，どれだけ社長の思いに近づけるか。一方で，関連
社員が行動へ移せるレベルまでKPIなどに展開できるのか。CFOの力量が問わ
れる点である。社長を勝たせるには，財務情報などでは見ることができない状
態を見る力も必要であり，社長と同じ目線と思いで事業を見ていなければ感じ
取ることはできないであろう。

［Ⅱ］ IBMのCFO Studyと新たな期待

1　IBMビジネスコンサルテーション：2010年CFO Study

　実務および企業経営を担当しているCFOを中心とした経理・財務責任者が直面している課題についての意識調査としては，IBMビジネスコンサルテーションの2010年調査がある。

　日本企業においては，より迅速な意思決定の必要性（95%），コスト削減要求（91%），優秀な人材確保と保持の必要性（87%），そして，経営の透明性への要求（81%）を今後，経理・財務部門で求められている変化として指摘している。

　一方，グローバルでは，より迅速な意思決定の必要性（74%），コスト削減要求（78%）が変化すべき項目とされているが，比率は低くなっている。さらに，業務効率とビジネス洞察力を軸として，経理・財務部門およびCFOの現状分析を試みている。

　IBMビジネスコンサルテーションが区分した４象限は，以下のとおりである。

① 　バリュー・インテグレーター：業務効率とビジネス洞察力がともに高く，業務最適化，予測知見，企業リスク管理，そして経営意思決定に関与できている状態を指す。

② 　効率的な報告者：業務効率は高いが，ビジネス洞察力が低い。経理・財務業務にフォーカスし，情報提供と業績分析が中心である状態を指す。

③ 　従来型経営参謀：業務効率は低いが，ビジネス洞察力が高い。分析にフォーカスし，部分最適の実行を行っている状態を指す。

④ 　スコアキーパー：業務効率とビジネス洞察力ともに低く，データ記録，計数管理を主に行っている状態を指す。

　2010年の調査に参加した214社の日本企業の診断では，バリュー・インテグレーター10社（8%），効率的な報告者45社（36%），従来型経営参謀４社（3%），そして，スコアキーパー65社（52%）となっている。また，グローバルでの診断では，バリュー・インテグレーター23%，効率的な報告者32%，従来型経営参謀12%，そしてスコアキーパー33%となっている。

図表 7－1 ■ 業務効率化とビジネス洞察力

経理・財務部門タイプごとの分布割合

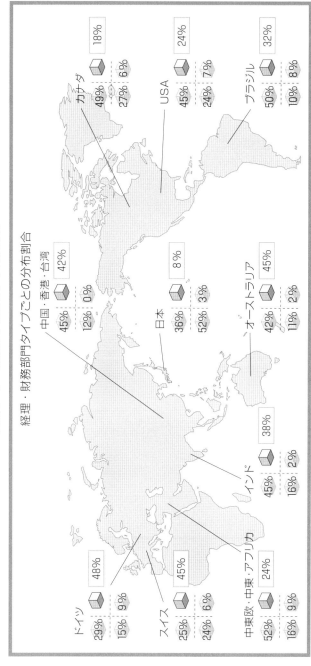

カナダ		18%
49%	27%	6%
USA		24%
45%	24%	7%
ブラジル		32%
50%	10%	8%
中国・香港・台湾		42%
45%	12%	0%
日本		8%
36%	52%	3%
オーストラリア		45%
42%	11%	2%
インド		38%
45%	16%	2%
ドイツ		48%
29%	15%	9%
スイス		45%
25%	24%	6%
中東欧・中東・アフリカ		24%
52%	16%	9%

出典：IBM Institute for Business Value, The Global CFO Study 2010.

　調査対象がCFOもしくは経理・財務部門で，日本企業の場合は，CFOの管轄外に経営企画室や社長室が置かれて，従来型経営参謀機能が並立されている組織形態をとる場合が多いことを考慮しても，日本企業の過半数が，経理・財務部門をスコアキーパーとしての機能しか果たしていない結果となっている。

　グローバルでみた場合でも，IBMビジネスコンサルテーションが行った2005年調査において，経理・財務部門で進むべき方向として取り上げられた収益性分析や意思決定支援に対しては，目標どおりには転換できていない結果となっている。

2　CFOへの新たな期待とそのギャップ

　ジェレミー・ホープは，第2章で述べたCFOの企業価値向上機能によりビジネスを成功に導く要因が，財務資産だけではなく，知的資産や人的資産にもあること，第4章で指摘した資本コストを超える財務業績への要求が強まってきていること，一方で，事務作業が多い経理・財務部門へのコスト・人員削減要求，さらに，ビジネスが複雑になりリスク要因が多岐に及ぶ状況から，CFOが期待されている姿として次のような変質を遂げることを提唱した。

　①　CFOは自由な戦士である。
　②　CFOはアナリストでありアドバイザーである。
　③　CFOは変化適応型マネジメント設計者である。
　④　CFOはムダに立ち向かう闘士である。
　⑤　CFOは業績測定のリーダーである。
　⑥　CFOはリスク管理の達人である。
　⑦　CFOは業務改革のチャンピオンである。

　基本的には，体質改善を経理・財務部門のみならず，会社全体への改革を志向したものである。しかし，2005年のIBM調査で，特に日本企業は半数以上の企業がスコアキーパーの域に留まっており，理想的なCFOや経理・財務組織に変換できないでいる。

　今日，CFOはCEOと緊密に連携するとともに，CIOやCHROとも強固な関係を維持している。CFOの相互関連性は，CEOの78％に次いで65％と高く，他のCxOの24％と比較すると，圧倒的に重要性が高くなっている。

図表7-2 ■すべての経営層とCFOの相互関連性

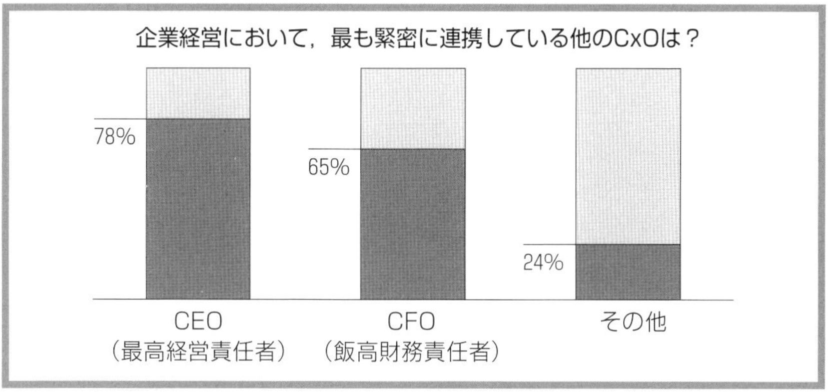

企業経営において，最も緊密に連携している他のCxOは？

CEO
（最高経営責任者）　78%

CFO
（飯高財務責任者）　65%

その他　24%

出典：IBM Institute for Business Value, The Global CFO Study 2015.（問B6：企業経営において，
最も緊密に連携している他のCxOは，どなたでしょうか。）

　2015年の調査においては，2010年で最上位とされていたバリュー・インテグ
レーターは，業務効率化とビジネス洞察力でさらなる高みに達していることを
指摘して，進化した経理・財務部門を"パフォーマンス・アクセラレーター"
と定義している。

図表7-3 ■パフォーマンス・アクセラレーター

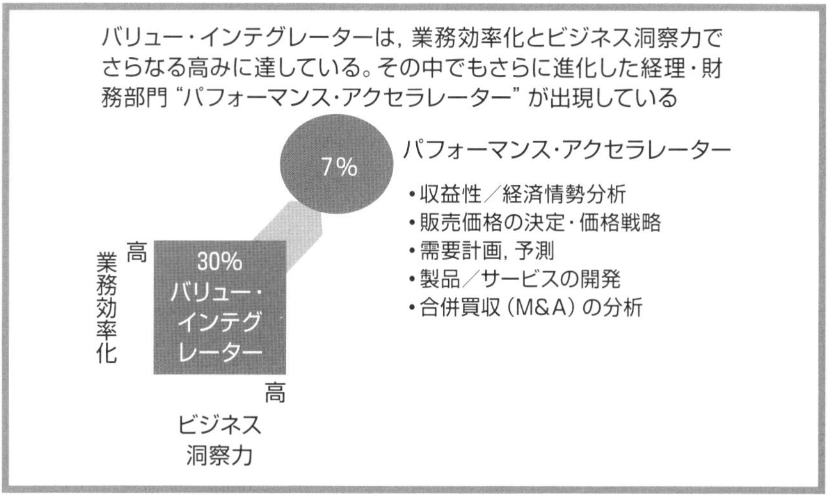

バリュー・インテグレーターは，業務効率化とビジネス洞察力で
さらなる高みに達している。その中でもさらに進化した経理・財
務部門"パフォーマンス・アクセラレーター"が出現している

パフォーマンス・アクセラレーター　7%

・収益性／経済情勢分析
・販売価格の決定・価格戦略
・需要計画，予測
・製品／サービスの開発
・合併買収（M&A）の分析

業務効率化　高

30%
バリュー・
インテグ
レーター

高
ビジネス
洞察力

出典：IBM Institute for Business Value, The Global CFO Study 2015.

パフォーマンス・アクセラレーターが，差別的に取り組んでいる項目は，収益性／経済情勢分析，販売価格の決定・価格戦略，需要計画と予測，製品／サービスの開発，合併買収（M&A）の分析などである。一方で，CEOをはじめ多くのCxOと密接な関係を結び，経営の根幹に置かれており，最先端の期待に応えられているCFOは1割にも満たない現状も浮き彫りにしている。

さらに，国際統合報告評議会（IIRC）名誉議長であるマーヴィン・キング博士は，1970年代に，企業は株主の所有物と定め，企業の社会的責任はゲームのルールに即した範囲でリソースを使用し利益増大のために設計された活動に従事することであると限定化した概念を切り崩し，株主を含むいかなるステークホルダーも企業を所有していないとの考え方を社会の動向から導き出した。

排他的な株主重視モデルから，ガバナンスの包括的アプローチにより，一体型ガバナンスとアカウンタビリティの重要性を強調し，企業の価値創造と社会的課題の解決を一体化して推進することが求められているとした。

その役割は，当然のことではあるがCEOが担うものであり，そして，CEOがなすべき役割を支え実行の道筋を導く役割をCFOが果たすべきとしている。CFOは，この新たな役割を担うためにチーフ・バリュー・オフィサー（CVO）へ進化すべきであるとしている。CFOに期待されている役割の重要性はさらに高くなり，そのギャップはますます広がっていく様相を呈している。

［Ⅲ］「デジタルトランスフォーメーションと 経営管理の高度化」（CFO協会）調査

1 CFO協会の調査

2019年にCFO協会は，「デジタルトランスフォーメーションと経営管理の高度化」調査を実施して，役割に呼応した経営管理体制や業務改善が行われているかを検証している。

今回の調査には183社が参加した。企業の概要は，業種別では情報サービス26.8％，製造業26.2％，商社・卸売業12.6％が多く全体の3分の2を占めた。売上規模では，1兆円以上が26.2％である一方で100億円～1,000億円未満が25.1％，100億円未満も19.7％あり，規模的には広い範囲の企業をカバーしている。海外売上比率では，50％超の海外売上を持つ企業の比率が25.7％ある一

方で，10％未満も47.5％あり日本の企業形態の違いも反映されていることから，経営管理の難易度の違いも含んだ結果となっている。

　アンケート回答者の役職は部長および管理職で61.8％を占め，経営判断から現場での問題点まで幅広くカバーできる役職者からの回答となっている。管掌部門で最も多かったのは経理・財務59.5％，経営企画15.2％と続き，両部門で74.7％を占めており，経営管理の全体像を把握できる部署からの回答となっている。

2　経営管理プロセス

　経営管理プロセスに関しては，企業形態が事業部制を採るなどセグメント別の事業展開を行っている場合には，海外も含む子会社設立を事業別・セグメント別に行っている場合を除いて，連結で行うことが望ましい。

　グループの経営管理調査では，経営管理を連結ベースもしくは単体ベースで行っているかに関して，「連結と単体を別々の体系で行っている」企業は29.6％を占めている。しかし，50％以上の企業が「連結と単体を整合した形で行っている」と答えており，「連結・単体を整合」と「どちらとも言えない」を合わせると70.4％にも及ぶので，連結での経営管理執行を難しくさせる形態を採っている背景には財管一致の原則が大きく影響していると思われる。

3　経営管理プロセスの機能性

　「グループ各社における経営管理/予算編成の仕組みが機能しているか」の問いでは，全般的に各社とも模索途中である様子が窺える結果となった。

　まず，経営管理/予算編成の仕組みに関しては，「まあまあ機能・活用している」が38.4％と最も多く，「あまり機能・活用していない」，「機能・活用していない」，「仕組みができていない」の消極的回答が合計で38.4％となり，「とても機能・活用している」，「機能・活用している」の積極的回答の合計は23.3％となった。

　連結よりも単体の方が消極的な回答が多かったのは，経営管理体制は連結体制が整えば単体は考慮しなくなる傾向を反映していると考えられる。

　そして，経営管理/予算編成の仕組みが機能していないと思われる項目では「戦略立案・中長期経営計画」，「将来予測・着地見込み管理」，「システム化」がそれぞれ41.5％，46.2％，44.6％と，40％を超えた。

4 戦略立案・中長期経営計画

「戦略立案・中長期経営計画」への機能性は企業経営の羅針盤でもあり，機能していないとされている回答が41.5%であったことは，現在の社会・事業環境における企業経営の難しさを表している。基本的な公式である企業理念，中長期戦略と計画，短期戦略と戦略の流れの中で，社会的価値やSDGs（持続可能な開発目標），ROE経営などの資本コスト経営，イノベーションの要請が取りざたされており，経営管理は一層の難しさを増している。

企業理念は自社が社会的価値を提供することを主眼として経営することへの覚悟を表現したものが多く，覚悟としての表現であったので，SDGsのような具体的な項目に落とし込まれていたわけではなかった。そもそも中長期戦略の指標そのものが中長期の先行指標ではなく遅行指標に偏っていたことや，SDGsにて169項目の具体的な目標を提示され，手間がかかるので，企業のコミットメントとの関連性をつなぐ作業が追いついていないことなどが連結や単体にかかわらず機能性を高められない要因と考えられる。

その内容は，主に使われている指標調査でも明らかであり，最も多くの企業が指標に取り入れているのが「売上高」，「営業利益」で60%を超えていた。一方で，「顧客満足度」と「従業員満足度」は6%程度にとどまっていた。選択肢は一般的で遅行指標として典型的な項目となっており，中長期に合致するような業界別・企業別に特徴を持つものは組み入れられていなかった質問形式上の限界はあるものの，中長期戦略にはリターンへの期間が長い項目が多く組み込まれるので，先行指標での戦略立案支援や中長期計画への組み入れがないと機能性は高められないであろう。

5 将来予測・着地見込み管理

「経営管理/予算編成」の仕組みが最も機能していないとされたのが「将来予測・着地見込み管理」であり，単体で51.1%，連結で46.2%にも及んだ。事業環境や競争状況が変化したときに，より効果的な経営判断を引き出すには，経営判断が及ぶ期間がより長い方が選択できる範囲も広くなり効果的である。

したがって，経営管理の最も好ましい分析は予・予分析（予測・予算分析）であり，予実（予算・実績分析）では効果は限定的になってしまう。将来予測・着地見込み管理が不十分であることや予測の精度が上がらないことが，経

営管理や予算編成の機能性を高められない状況は理解しうる結果であった。

　しかし，関心事は問題の解決への糸口はどこにあるかである。「経営管理／予算編成の担当部署」への回答で，「経営管理」は，「経営企画部門」で47.0%が最も高く，「予算編成」は「経理・財務部門」が合計で46.4%，「将来予測・着地見込み」は経理・財務部門合計が39.3%，経営企画部門が38.7%と拮抗しており，各事業部門は17.9%に留まった。

　予算と戦略の同一化の課題はないものとして考えても，経理・財務部門や経営企画部門の限界は予実分析までであろう。現在の先行指標をモニターしながら，予測や着地点を見極められるのは事業部門である。事業部門の参画なくして，将来予測・着地見込み管理を効果的に行うのは難しい。

6　システム化

　「戦略立案・中長期経営計画」や「将来予測・着地見込み管理」と並んで課題として挙げられたのは「システム化」の遅れの問題である。システム化と一括りにされているが，これはいくつかの課題に分類できる。

　第1に，単体・連結や財管一致の課題がある。この課題はシステムそのものの課題というより，社内会計規則の統一化や管理会計の考え方・思想に関わる問題である。財務会計や税務会計は規制当局の動向に合わせる必要があるが，社内での基準統一に関しては，ビジネスのグローバル化が進む中で，CFOがリーダーシップを強く持つことにより改善への道筋がつけられるであろう。

　第2は，システム投資の課題である。システム投資は，システム投資金額が膨大になることや投資とリターンの関連性を結びつけやすい現場の生産性向上に対するシステム投資が中心であった。このため，経営管理の視点からの投資が疎かになったり，十分な機能を求めていなかったりした背景が考えられる。

　最後に，情報関連性（Data Connectivity：データコネクティビティ）の課題である。この概念は，IIRC（International Integrated Reporting Council）やWICI（World Intellectual Capital Initiatives）が財務情報と非財務情報を統合思考によって結びつけ，統合報告書として外部へ公表することを促す活動の中で提唱している概念である。これは，社内にはすでに価値のある情報が存在するが，各々独立して管理されており，経営管理としては非効率的であり，それらを一括して管理運営することにより，さらなる高い付加価値を提供できるとしている。新たな情報を作成するためのシステム化ではなく，現存の情報をつなぎ合

わせることでより高度の経営管理が可能になるとの示唆である。

7　主要指標から見えてくるもの

　主に使われている指標とそのレベルに関する回答，および管理の頻度に関する回答から見えてくるものは，PL項目中心，資本コスト経営，マーケットおよび非財務項目の3点である。

　まず，第1の注目ポイントは，依然としてPL項目が中心となっていることであり，「売上高」と「営業利益」が最も高くなっている。中長期戦略上では難題があるが，年度や短期の予算管理では主要指標であることには変わりはない。

　この指標を，将来予測にどのようにつなげているかに関しての検証では，管理頻度において「月次管理」が80％以上で高い数値を出しており，さらに「日次管理」が5.6％となっているが，将来予測では「四半期」先まで見ている企業が5.6％，「半期」では14.3％と決して高くない数値となった。事業形態にも左右されるが，売上予測および先行指標をいかに組み込んでいくかが今後の課題となろう。

　第2の注目ポイントは，資本コスト関連項目の高さである。「ROE」を主要指標と選定している企業が20.7％あり，その中で85.2％が必達もしくは目標ベースとしている。さらに，「ROA」，「EPS」，「ROIC」，「EVA」を加えると全体の38.5％にも及び，経営目標の中心に資本コストを組み入れる高い意識が窺える結果であった。これを株主視点での指標（「ROE」，「EPS」，「時価総額」，「株価」）で集計すると33.1％にも及び，株主重視経営がより強まっている傾向がある。

　ただし，経営管理上の課題も読み取れる。ROEを例に取れば，売上高利益率，資産回転率，財務レバレッジの3項目のバランスによりROE管理および改善が行われる。売上高利益率管理の項目（「売上高」，「営業利益」）は，第1の注目ポイントで指摘したように主要指標とされているが，資産回転率管理の項目である「営業債権・債務，在庫等の管理」，「CCC（キャッシュ・コンバージョン・サイクル）」を合計すると6.9％にとどまる。

　さらに，財務レバレッジでは，「株主資本比率」，「DE比率」が双方とも6.9％となっており，財務戦略の中で最適資本戦略との連携が取れていない，もしくは，財務戦略自体が設定されていない状況であるようだ。ただし，財務

戦略の中のキャッシュ管理に関しては,「FCF（フリー・キャッシュフロー）」と「EBITDA」を合わせて20.8%あり,キャッシュ管理への関心度はある程度保たれている様子が窺える。

　バランスシート（資産）管理とFCF管理の課題は,管理頻度と必達意識の有無にも表れている。管理頻度では,「バランスシート管理」と「FCF管理」は,それぞれ45.2%と41.3%の企業が月次で管理している一方で,それぞれ17.6%と19.1%の企業は年次での管理に留まっている。

　また,「必達意識の有無」では,「バランスシート管理」と「FCF管理」はそれぞれ60.3%と50.8%の企業は参考値としての設定に留まっていて,「必達意識が高い」とした企業はそれぞれ7.9%と12.7%であり,必達意識が60%以上である売上や営業利益の目標管理とバランスシートおよびFCF管理との整合性が今後の大きな鍵となることを表す結果となっている。

　第3の注目ポイント項目は,マーケットおよび非財務項目である。先に述べたように経営理念から中長期戦略への展開をモニターできる仕組みの必要性が増し,SDGsなどの社会価値との整合性をストーリーをもって伝達することが外部から強く要請されている中での現状の管理手法が不十分であることが窺える。

　まず,主要指標における非財務指標は,「顧客満足度」と「従業員満足度」であるが,それぞれ10.0%,7.7%に留まっている。オープンクエスチョンとしての「その他」であるが回答は3.8%となった。さらに,「会計期間に限定されない管理項目」の問いに対しては,「特になし」が38.9%にも及んだ。

　これらの回答結果から,中長期の戦略と中長期経営計画は,短期の予算管理項目に大きく影響を受けて,独自の非財務指標を含む管理項目や先行指標の設定に苦慮している様子が窺える。

8　コスト管理項目

　コスト管理項目では,「（製品）連結原価計算」と「ホワイトカラー（非製造部門）の原価計算」の結果を検証したい。「連結原価計算を採用していない」企業は67.5%,「連結原価計算の目的を持っていない」（採用していない企業も含まれる）は62.4%にも及ぶ。

　通常は,損益計算書の中で最も大きなコストである製造原価を連結で管理していないとは,本社管理項目から外れ事業所別での現場管理に任せていること

の表れであろう。また，ホワイトカラー（非製造部門）に対する質問でも「原価管理を行っていない」企業は70.9%にも及んでいる。

　これらの回答からは，損益計算書もしくは営業利益管理を連結で行っている企業が62.8%あるものの，そのうちの約半数はコスト項目別の管理は行っていないことを表している。

9　今後の展開

　「今後の経営管理への期待，改善していきたいテーマ」への問いに対しては，「戦略立案・中長期経営計画」,「将来予測・着地見込み管理」,「システム化」が最も多い項目となった。この3項目は，「経営管理/予算編成の仕組み」が機能していない阻害要因と一致しているが，企業数は，それぞれ61.2%，46.3%，32.2%となり，「戦略立案・中長期経営計画」が阻害要因の比率よりも高くなり，「システム化」が低くなっている。

　「戦略立案・中長期経営計画」は，現状でそれなりに機能している企業もより改善すべき項目ととらえていることが窺える。先にも述べたように，中長期の戦略に相応しい評価指標の策定，経営管理体制の再構築，財務戦略と事業戦略の融合，社会的価値や非財務指標と財務指標の統合思考導入などが実施項目として挙がってくるであろう。

　また，「システム化」に関しては，阻害要因よりも期待・改善が低くなっているのは，IOT，クラウド，SNSの急速な進化により旧来型の大型システム投資による改善を行わなくても経営管理に応用できる背景があることなどが影響していると思われる。その中で，「今後のシステム導入での活用目的」では，「業績管理指標（非財務情報を含む）」と「将来予測・着地見込み管理」がそれぞれ69.3%，63.3%と非常に高くなっており，依然としてシステム導入での経営管理の効率化と有効性を期待していることが窺える。

第 **8** 章

グローバル企業における
組織としてのFP&A

［Ⅰ］ グローバル企業のFP&A組織

　グローバル企業においては，株主がいて，取締役会があって，取締役会の選任を受けたCEO（最高経営責任者）が経営の全責任を負う。コーポレート・ガバナンスの枠組みの中で，CEOは経営に関するすべての権限が与えられており，CFOの役割はCEOの最も重要なパートナーとして，他律ではなく自律した立場からコーポレート・ガバナンスに関わることが期待されている。

　日本企業には財務部門や経理部門以外に，経営企画部門や情報システム部門や業務部門など，管理関係の職能部門がいろいろあり，各部門の長が担当役員として直接，社長にレポートすることが一般的である。この場合，CFOは複数の管理担当部門の1つになってしまう。

　対照的に，グローバル企業では管理関係部門の多くをCEOではなく，CFOが統括していることが多い。CEOの最も重要なパートナーとしての役割を果たせるように権限をCFOに集中させているのである。

　グローバル企業のCFOは，コンプライアンスに関わる経理，財務，税務，内部監査等の分野と，ビジネスパートナーシップに関わる経営管理の分野の2つで重要な役割を担っている。日本企業の財務・経理担当役員は，コンプライアンスに関わる分野では米国企業のCFOと同様の役割を担っているが，CEOの「ビジネスパートナー」として担う役割にグローバル企業と比較して大きな違いがある。

　米国企業においては，CFOはCEOとともにトップマネジメントの一員として経営責任を負う。特に，短期的な業績目標を達成することへの経営責任は重大である。CFOは業績目標の達成に向けて組織のベクトルを1つに合わせる

ための要の役割を果たす。全体最適の意思決定ができるように，すべての部門
の長に働きかける役割と権限が与えられている。

　筆者がインテルのCFO組織の一員として学んだのは，社内で経営管理を実
践するFP&A（Financial Planning & Analysis）組織の重要性であった。インテ
ルのCFO組織は，**図表 8-1** のように，コントローラー部門とトレジャリー部
門（財務部門）に分かれる。コントローラー部門の中に財務会計を担当する組
織と経営管理を担当するFP&Aと呼ばれる組織の 2 つの組織がある。FP&A組
織は，本社に本社コントローラーを置き，事業部制組織では事業部に，職能別
組織では工場や営業所などの職能部門に事業部コントローラーを配置する。

図表 8-1 ■コントローラーとは(1)

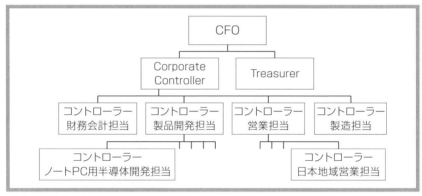

出典：大塚（2019）。

　図表 8-2 のように，事業部コントローラーを事業部長と本社CFOの両方に
マトリックスでレポートさせることで，事業管理における組織の全体最適を図
る。FP&A組織がCFO組織の中心にある。FP&A組織は，経営指標の実績値や
予測値を適時に補足するために，業績報告書やバランスト・スコアカード等の
ツールを開発し，事業部長の「ビジネスパートナー」として意思決定に至る定
例会議を運営し，全体最適となる意思決定を推進する役割を果たす。

　日本企業においては，経理部門や財務部門は新卒で入社した社員に背番号を
付け，部門内のさまざまなポジションをローテーションさせることで，経理社
員および財務社員の養成を行うことが一般的である。しかし，事業部において
事業部長の下で事業管理を行う社員には同様のシステムが存在せず，同じ事業
部で長期間同じ仕事に携わることが多くなる。

図表8-2 ■コントローラーとは(2)

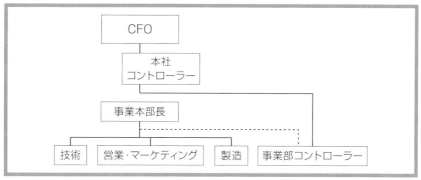

出典：大塚（2019）。

　グローバル企業ではFP&A組織は経理組織，財務組織と並ぶCFO組織の柱であり，経理社員，財務社員と同様にFP&A社員としての養成が行われている。インテルの実質的な創業者であるアンディ・グローブは，"High Output Management"（1983）で，インテルにおけるFP&A組織に関して以下のように説明している。

　　「事業部コントローラーがインテル社で仕事をするやり方を考えてみよう。事業部コントローラーの専門的な方法，実務，基準は，所属する職能組織，つまりFP&A組織が決定する。したがって，事業部コントローラーは，本社コントローラーと事業部長の両方に報告する義務がある。」

　グローブは，本社コントローラーの役割を以下のように説明する。

　　「本社コントローラーは，事業部コントローラーが自分の役目を遂行できるよう訓練を積んでいるのを確認する。事業部コントローラーの専門的業績を検討・監視して，首尾よく本分を全うできれば，いずれもっと大きく複雑な部門のコントローラーの地位に昇進させるなど，FP&A組織内での職歴づくりの面倒をみることになる。」

　本社コントローラーの役割として，①事業部コントローラーを訓練し，②事業部コントローラーを支援し，③事業部コントローラーの業績評価を行い，④

事業部コントローラーのローテーションや昇進などのキャリア作りの面倒を見る，ことの4点が示されている。この4点を実行することがFP&A組織の核心にある。

［Ⅱ］FP&A組織が担うビジネスパートナーとしての役割

　日本のことわざに，「仏を作って，魂を入れず」というのがある。FP&A組織にマトリックスで報告する組織体制を整えることは，仏を作ることにすぎない。事業部コントローラーを，①訓練し，②支援し，③業績評価を行い，④昇進やローテーションのキャリア作りの面倒を見ることの4つが，仏に魂を入れることである。インテルのFP&A組織において，仏に魂を入れるために，「ビジネスパートナー」としての役割を果たすための教育がいかになされているかを紹介する。**図表8-3**から**図表8-5**は，インテルのFP&A組織において実際に使用されていた資料である。

図表8-3 ■ 2つのミッション

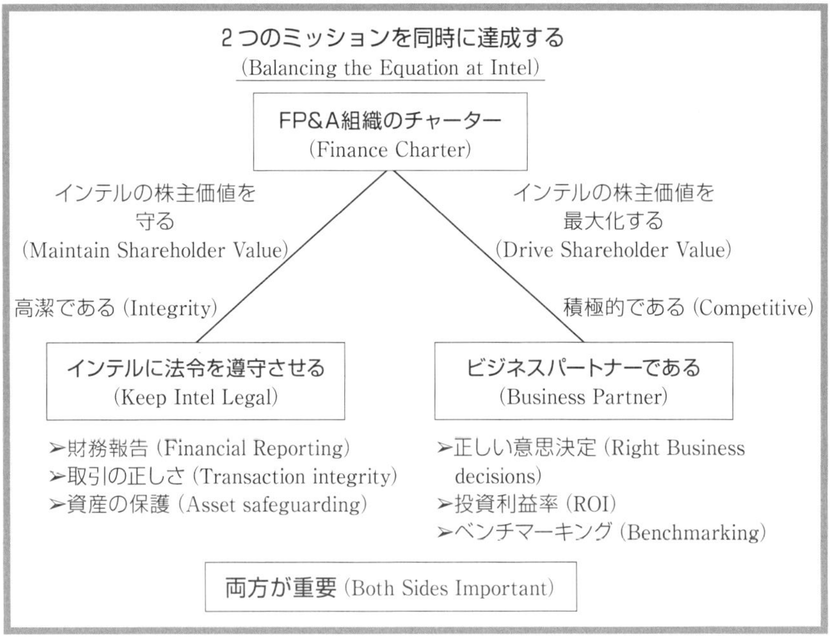

```
            2つのミッションを同時に達成する
           (Balancing the Equation at Intel)

              FP&A組織のチャーター
               (Finance Charter)

  インテルの株主価値を              インテルの株主価値を
       守る                         最大化する
(Maintain Shareholder Value)   (Drive Shareholder Value)

高潔である (Integrity)              積極的である (Competitive)

 インテルに法令を遵守させる        ビジネスパートナーである
    (Keep Intel Legal)              (Business Partner)

➤財務報告 (Financial Reporting)    ➤正しい意思決定 (Right Business
➤取引の正しさ (Transaction integrity)    decisions)
➤資産の保護 (Asset safeguarding)   ➤投資利益率 (ROI)
                                   ➤ベンチマーキング (Benchmarking)

         両方が重要 (Both Sides Important)
```

出典：大塚（2019）をもとに石橋作成。

　図表8-3は，ビジネスパートナーであることとコンプライアンスの両方が重要であることを示している。コンプライアンスとは株主価値を維持することであり，ビジネスパートナーであることは株主価値を増大することであると定義されている。

　図表8-3を研修の場で説明する際には，「FP&A組織の構成員はコンプライアンスの面で問題があれば，FP&A組織のメンバーとしてのライセンスが剥奪される。しかし，コンプライアンスの面でどんなに優秀でも，ビジネスパートナーとして優秀でなければ，社内での昇進はない」と教えていた。

　図表8-4は，「真のビジネスパートナー」について説明したものであり，真のビジネスパートナーになるまでの成長段階が示されている。ここで問われるのは，事業部門が行う意思決定に関して，管理部門であるFP&A組織のメンバーが意思決定プロセスにどの程度まで，どのように関わることができるかである。

　意思決定プロセスに全く関われていない段階（Irrelevant）に始まり，意思決定プロセスにおいて専門家としての意見を求められる段階（Listened to），

図表8-4 ■ビジョン：真のビジネスパートナー⑴

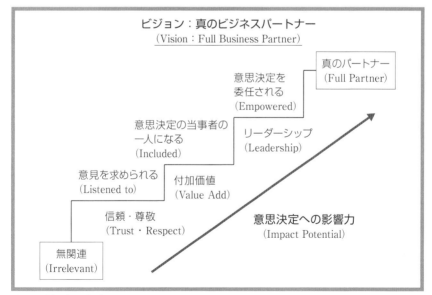

出典：大塚（2019）をもとに石橋作成。

意思決定の当事者の1人になることを求められる段階（Included），意思決定自体を委任される段階（Empowered）を経て，真のビジネスパートナー（Full Partner）になるというビジョンである。

　本来，意思決定権限を持たない管理部門（いわゆるスタッフ部門）の一員であるFP&A組織のメンバーに，意思決定権限を有する事業部門（いわゆるライン部門）の行う意思決定に与える影響力の大きさが問われている。

　インテル社内で**図表8-4**を説明する際に強調していたのが，「真のビジネスパートナーへの階段は1回登ると上がりになるのではない」ということである。FP&A組織のメンバーは数年ごとに社内での異動（ローテーション）を経験する。異動するごとに新たな事業部門において，真のビジネスパートナーを目指して階段を一番下に戻って登り直すのである。

　もちろん，階段を登るスピードは速くなる。しかし，階段を登り直すこと自

図表8-5 ■ビジョン：真のビジネスパートナー(2)

ビジョン：真のビジネスパートナー (Vision：Full Business Partner)
意思決定を支援する　　　　　　　　　　　　　　→　　　意思決定の当事者となる (Support)　　　　　　　　　　　　　　　　　　　　　　　(Ownership)

意見を伝える (Offering Opinions)	影響力を行使する (Influencing)	意思決定を行う (Making Decisions)

ジレンマ (Dilemma)：意思決定権限を持たない我々が，どのようにして意思決定に責任を持てるのか？(How can we be responsible for something we don't make the decision on?)

回答 (Response)：単なる意思決定の支援者ではなく，意思決定の当事者であるために，我々の影響力を効果的なものにしなければならない。(We must be so effective in influencing that our influence has much more the feel and impact of ownership than of mere support.)
そのために以下のことが必要である。(We do that by :)
A）権限を持たなくても持っていると見做せ。(Assume Responsibility)
B）プロフェッショナルとしての能力を利用して説得せよ。(Being persuasive through adding value (skills, network, insights)
C）最後の方策としてFP&A組織の権威や命令系統を活用せよ。(Leveraging our authority or our chain of command when all else fails)

出典：大塚（2019）をもとに石橋作成。

体が重要である。FP&Aのキャリアにおけるローテーションは，プロフェッションとしての成長に必要な「旅（Journey）」であると説明されていた。

　図表 8 - 5 は，「真のビジネスパートナーであるためには，ライン部門の意思決定において意思決定の支援者に留まるのではなく，意思決定の当事者になることを目指さなければならない」というメッセージを伝えるものである。

　最初に，FP&A組織のメンバーが直面するジレンマとして，「ライン権限ではなくスタッフ権限しか持たないFP&A組織のメンバーが，いかにして意思決定の当事者になることができるのか？」という疑問が提示されている。

　疑問への答えとして，「意思決定に対する我々の影響力が，意思決定プロセスへの支援に留まらず，意思決定自体の当事者であると感じさせるほどの効果があるものでなければならない」としている。意思決定に対する影響力を高めるために以下の 3 つのアクションを実行することが提案されている。

　第 1 に，スタッフ組織であるFP&A組織の構成員はライン権限に基づく意思決定の権限を有してはいない。しかし，組織図上の権限の有無にかかわらず，意思決定権限を有しているものと見做して，意思決定に関しパートナーとして責任を負うべきである，と書かれている。これはビジネスパートナーであるための「マインドセット」を示している。

　第 2 に，FP&A組織の構成員が有するスキル，ネットワーク，洞察力を十二分に駆使して付加価値を提供することにより，影響力を高めよ，と書かれている。これはビジネスパートナーであるための「スキルセット」を示している。

　第 3 に，上記の 2 つの方策だけではうまく機能しない場合は，FP&A組織が組織として有する権限もしくは指揮命令系統を利用して働きかける，と記されている。これは，個人レベルのマインドセットやスキルセットだけではなく，FP&A組織としてのビジネスパートナーであることに対する「組織としてのコミットメント」を示している。

　グローバル企業においてCFOが果たすべき重要な役割の 1 つが，FP&A組織を経理組織や財務組織と並ぶCFO組織の一部として確立することにある。特に，重要なのは，CFO自身がFP&A組織が真のビジネスパートナーであることに関して，組織メンバーに見える形でコミットすることである。それはFP&A組織の構成員への教育や支援，業務評価やローテーションや昇進などのキャリア作りの支援において，CFO自身がいかなる役割を果たしているかに現れる。

事例紹介7　FP&A組織を支えるインテルの企業文化　(石橋善一郎)

　筆者は米国半導体企業のインテルの日本法人で11年，米国本社で3年，計14年間勤務しました。筆者のインテルでのキャリアは，FP&A組織の一員としてのキャリアでした。インテルのFP&A組織を支える企業文化を紹介します。

(1)　ノイスとムーアとグローブ

　インテルの実質的な創業者として知られるのが，ロバート・ノイス，ゴードン・ムーア，アンディ・グローブです。ノイスとムーアは，1968年にインテルを創業しました。ノイスは半導体集積回路の発明者です。ムーアは物理化学者として半導体メモリーを低価格で量産する可能性を最初に予見し，有名な「ムーアの法則」で知られています。2人はショックレー研究所を経て，フェアチャイルド・セミコンダクター社で勤務した後に起業を決意しました。2人はインテルを創業する資金を，数頁の事業計画書をもとにベンチャーキャピタルから調達しました。

　グローブは学生時代にハンガリーから米国に亡命しました。ニューヨーク市立大学を首席で卒業し，カリフォルニア大学バークレー校で化学の博士号を取得しました。フェアチャイルド・セミコンダクター社でノイスとムーアの部下として働いていた縁で，インテル創業時に業務部門の責任者として入社しました。ノイス，ムーアの後を継いで，インテルの3代目の社長になり，インテルの組織と文化を築きました。経営者としてのグローブは「パラノイア（病的なまでの心配性）だけが生き残る」というモットーで知られていました。著書の『インテル戦略転換』(1997) の中で，パラノイアであることの価値に関して以下のように書いています。

　　「ビジネスに関していえば，私は確かにパラノイアの価値を信じている。事業の成功の陰には，必ず崩壊の種が存在する。成功すればするほどその事業のうま味を味わおうとする人々が群がり，次々に食い荒らし，最後には何も残らない。だからこそ，経営者の最も重要な責務は，常に外部からの攻撃に備えることであり，そうした防御の姿勢を自分の部下に繰り返し教え込むことだと思う。」

　社長に就任したグローブは，以下の6つの価値をIntel Valuesとして繰り返し社員に教え込みました。

① 　Quality（品質）：インテルでは品質と継続的改善に対する強いコミットメントがありました。「Do the right things right！（正しいことを正しくやろう！）」という標語も多用されていました。

② 　Risk Taking（あえてリスクを冒す）：インテルではイノベーションを起こすためには失敗を避けることはできないということが認識されていました。成功とともに失敗から学ぶことが奨励されていました。プロジェクトが終わると，プロジェクトの結果にかかわらずその振り返りを「Post Mortem」として文書化して回覧することが奨励されていました。

③ 　An Inclusive, Great Place to Work（多様性を尊重し，働きがいのある職場）：インテルではオープンで率直で個人に敬意を払う職場環境が組織の成功に欠かせないと考えられています。元来は，単に「働き甲斐のある職場（Great Place to Work）」でしたが，職場環境のDiversityとInclusionの要請から近年，「多様性を尊重する（Inclusive）」という言葉が付け加えられています。

④ 　Discipline（規律）：インテルでは目標に対してコミットして目標を達成することの能力が大切にされています。1971年にグローブの提唱で始まった「遅刻者名簿」は，この価値観を象徴していました。朝の8時5分に1分でも遅れた場合，CEOを含む社員全員が遅刻者名簿に署名させられます。この名簿は，1988年まで実施されていました。

⑤ 　Customer Orientation（顧客志向）：インテルでは顧客志向は市場における外部の顧客を満足させることに留まりません。インテル社内でのチームメンバーを含むすべての利害関係者の意見を傾聴し支援することが求められます。FP&A組織のビジネスパートナーとしての役割は，この価値観に立脚しています。

⑥ 　Results Orientation（結果志向）：インテルでは挑戦的，かつ測定可能な目標を設定し，結果にフォーカスすることが重視されます。このプロセスにおいて，チームメンバー同士がチームの成功に向けて当事者意識を持つことが求められています。

　グローブが社長として社員に教え込んだ6つの価値は，社是として現在に引

き継がれ，インテルの企業文化の中心にあります。筆者が翻訳者として関与したインテルの戦略形成の歴史をまとめた『インテルの戦略』(2006) は，インテルの企業文化を以下のようにまとめています。

> 「インテルの創業者たちは高度な技術的知識を持つことが重要であると信じて行動してきた。それが同社の経営課題に対処する際の核となる価値観となった。彼らは思考にも行動にも『規律』を求め，『結果と成果』を重視した。そして『知性の力』が『地位の力』によって抑圧されることのない，『平等な実力主義社会』を作ろうとした。」

　創業者たちの経営哲学に根ざしたインテルの企業文化は，FP&A組織に社内における特異な役割を与えました。その地位は，「事業部門と対等のビジネスパートナー (Equal Business Partners to Operations)」と呼ばれました。

> 「インテルは創業当時から『利益志向』で，『株主価値の追求』に重きを置いていた。それは，インテルの歴史を通してファイナンス部門が社内で有していた地位，『事業部門と対等のビジネスパートナー』という地位に反映されていた。」

　図表8-6のとおり，インテルのFP&A組織は事業部門から独立した組織として位置づけられました。各事業部門に配置される事業部コントローラーは，

図表8-6 ■ インテルにおけるFP&A組織

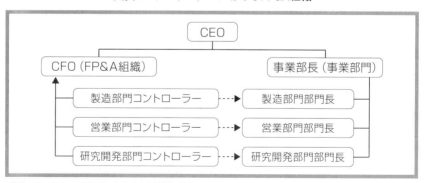

出典：Boedeker (2005) をもとに石橋作成。

直線で本社CFOに，点線で各事業部門の事業部門にレポートしていました。

　インテルのFP&A組織のビジョンと５つのチャーターは以下のとおりです。

・ビジョン

　株主価値を最大化するために，経営意思決定において真のビジネスパートナーになる。(Intel finance is a full partner in business decisions to maximize shareholder value.)

・チャーター

① 　ビジネスパートナーとして効果的な分析，影響力，リーダーシップ，およびコントロールを提供することにより，利益を最大化する。(Maximize profits by providing effective analysis, influence, leadership, and control as business partners.)

② 　プロフェッショナリズムと誠実さの高い水準を保ちながら，世界のどこにおいてもインテルが遵法であることを維持する。(Keep Intel legal worldwide while maintaining high standards of professionalism and integrity.)

③ 　インテルの資産を守ることにより，株主利益を保護する。(Protect shareholder interests by safeguarding the assets of the Corporation.)

④ 　世界最高水準のサービスと生産性を提供する。(Deliver world-class services and productivity.)

⑤ 　業績を上げ，プロフェッションとして成長することを促すキャリアの機会を提供することにより，有能なリーダーやビジネスパートナーを育てる。(Develop effective leaders and partners through career opportunities that foster improved performance and professional growth.)

　インテルのFP&A組織のメンバーは，インテルの６つの価値とともに，FP&A組織のビジョンと５つのチャーターをプラスチックのカードにして携帯し，読み返していました。まさにインテルの企業文化がFP&A組織を支えていました。

⑵　DRAM企業からマイクロプロセッサー企業への戦略転換

　インテルのFP&A組織がビジネスパートナーとして，インテルの半導体メモ

リー企業からマイクロプロセッサー企業への戦略転換にいかに貢献したかを紹介します。インテルはマイクロプロセッサー事業の成功により世界最大の半導体企業となりました。しかし，創業して最初に成功した事業は半導体メモリー事業でした。『インテルの戦略』（2006）で紹介されているとおり，1970年代中頃にDRAM市場で8割を超える市場シェアを獲得していましたが，1980年代前半には製造能力と品質に秀でた日本企業との競争で市場シェアを1割以下に落とします。

1984年には，コンピューター業界の低迷を受けて，インテルの業績が大きく落ち込み，赤字に転落します。『インテル戦略転換』（1997）の中でのグローブの回想です。

　　「目標もなく迷っている状態がすでに1年近く続いていた，1985年半ばのある日のことだ。私は自分のオフィスで，わが社の会長兼CEOであったゴードン・ムーアとこの苦境について議論していた。そこには悲観的なムードが漂っていた。私は窓の外に視線を移し，遠くで回っているグレートアメリカ遊園地の大観覧車を見つめてから，再びゴードンに向かってこう尋ねた。『もしわれわれが追い出され，取締役会が新しいCEOを任命したとしたら，その男はどんな策を取ると思うかい』。ゴードンはきっぱりとこう答えた。『メモリー事業からの撤退だろうな』。私は彼をじっと見つめ，無感覚のうちに，こう続けた。『気持ちを切り替えて，われわれの手でやろうじゃないか』。」

　ムーアとグローブにとってDRAM事業は自分たちが起業した会社そのものであり，DRAM事業撤退には創業者だからこその葛藤がありました。グローブは，メモリー事業撤退に多大な時間を要したことの背景に，「インテルが半導体企業として最先端の製造技術力を維持するためにDRAMは技術力の牽引車である」という信念と「インテルが半導体メーカーとして十分な商品構成を持つためにDRAMが欠かせない」という宗教の教義にも似た2つの信念があり，率直で理性的な議論が進められなかったと振り返ります。

　図表8-7は，『インテルの戦略』（2006）に紹介されているインテルで行われていたDRAMやEPROM等のメモリー製品や286や386等のマイクロプロセッサー製品の原価計算例です。直接材料費（ウェハの原価）に始まり，直接労務

費が活動原価計算手法で計算され，歩留まり率が反映されて，製品当たりの変動原価（チップ当たりの製造原価）が計算されます。製品当たりの販売価格から変動原価を控除して製品当たりの貢献利益額が計算されます。当時，ファブと呼ばれる半導体製造工場の製造能力の配分を最適化するために，製品種類ごとにチップ当たりの貢献利益率（製品当たりの販売価格に対する貢献利益額の比率）を計算していました。本章の後半で説明する四半期ごとに編成される実行予算のプロセスを通して，貢献利益率の高い製品に優先的に製造能力を配分していました。

図表 8 - 7 ■インテル製品の原価計算例

製品	プロセス	ウェハの原価	マスク・レイヤーの数	製造アクティビティ回数	製造アクティビティ当たりの原価	製造歩留まり率	ウエハ当たりの製造原価	6インチウエハのダイの数	ソートの歩留まり率	ダイ当たりの製造原価	ダイ当たりの試験費用	試験時歩留まり率	チップ当たりの製造原価	平均販売価格	チップ当たりの貢献利益率
64K DRAM	NMOS DRAM	60	8	30	72.00	90.00%	2.467	1,900	90.00%	1.44	0.45	90%	2.103	2.05	-2%
64K DRAM	CMOS DRAM	100	10	38	72.00	84.00	3.376	1,806	85.00	2.20	0.45	90	2.944	3.08	4%
256K DRAM	CMOS DRAM	100	10	38	72.00	83.00	3.417	922	60.00	6.18	0.65	90	7.585	16.27	53%
64K EPROM	NMOS EPROM	60	12	48	72.00	79.00	4.451	1,582	75.00	3.75	2.65	90	7.112	8.15	13%
256K EPROM	NMOS EPROM	60	12	48	72.00	78.00	4.508	756	60.00	9.94	2.45	90	13.764	21.00	34%
80286	LOGIC	60	11	40	72.00	90.00	3.267	172	70.00	27.13	2.00	85	34.273	250.00	86%
80386 (est.)	1.5μm Logic	100	13	50	72.00	90.00	4.111	131	30.00	104.61	15.00	85	140.716	900.00	84%

出典：Burgelman（2002）。

　このプロセスを担っていたのが，8カ所のファブにおいて工場長のビジネスパートナーの役割を担う工場部門コントローラーたちでした。彼らはFP&A組織の一員でした。ムーアとグローブがDRAM事業からの撤退の意思決定に苦慮していた1985年の時点で，8カ所のファブのうち，DRAMを製造している工場は1カ所に減らされていました。FP&A組織が製造部門の資源配分にビジ

ネスパートナーとして関与したことによって，インテルの社運を賭けた戦略転換に貢献したのです。グローブは，『インテル戦略転換』（1997）でこの経験を以下のようにまとめています。

> 「最も大切な教訓を述べよう。インテルの事業内容が変化し，経営陣がより高度なメモリー技術をめざして議論を戦わせ，勝算のない戦争をどう戦えばいいか模索しつづけていたころ，われわれの知らないところで，組織の底辺を支える社員たちは，戦略転換を実行する準備をしていたのだ。そのおかげで，われわれは生き残り，素晴らしい未来を手に入れることができたのである。」

> 「経営陣が特別な戦略上の方針として支持したからではなく，何年もの間，中間管理職の日々の小さな決断が，拡大するマイクロプロセッサー事業に生産資源をより多く投入していたのだ。生産計画の担当者たちと（彼らのビジネスパートナーである）ファイナンス部門の担当者たちは机を囲み，生産資源をどう配分するかで議論を続け，損失を出していたメモリー事業からマイクロプロセッサー事業のような利益率の高い商品構成へと，製造能力を少しずつ移行させていたのだ。彼らのような中間管理職が，毎日の仕事をこなしながらインテルの戦略的な姿勢を調整していたのである。」

> 「われわれがメモリー事業からの撤退を決めた時には，8カ所あったシリコン加工工場のうち，メモリーを生産する工場はわずか1カ所しか残っていなかった。彼らの行動があったからこそ，撤退の決断がもたらす結果がそれほど深刻なものにならずに済んだのである。過去の成功を通して築き上げた信念が妨げとなって，経営者が身動きできなくなっている間に，生産計画担当者とFP&A担当者は，客観的な視点で資源配分と数字に取り組んでいたのだ。」

インテル社内におけるビジネスパートナーとしてのFP&A組織の役割は，インテルの創業者たちの経営哲学に根ざした企業文化に支えられています。

事例紹介8　インテル米国本社で経験したFP&A　　　　（石橋善一郎）

　筆者がインテル米国本社において事業部コントローラーとして経験した
FP&Aを紹介します。2000年春にモバイルプラットフォームズ事業部（MPG）
の発足にあわせて事業部コントローラーとして米国サンタクララに赴任しまし
た。インテルには製品事業本部が3つあり，最大の製品事業本部がマイクロプ
ロセッサー製品を企画・開発する製品事業部であるインテル　アーキテクチャ
事業本部でした。私はノートブック・パソコン用のマイクロプロセッサーなど
を企画・開発するMPGのコントローラーのポジションを得ました。

　赴任の最初の日にオフィスの近くのホテルの会議室で行われたのは，低消費
電力の統合プロセッサー開発に携わってきたイスラエルの開発チームと，高ク
ロック周波数を誇るペンティアムの一連の製品群をノートブック・パソコン用
に転用することに携わってきた米国の開発チームの初顔合わせでした。この会
合で行われていたのは，米国人のコミュニケーションが婉曲であるのに対して，
イスラエル人のそれは直裁なので，同じ事業部の一員として効果的に働くため
にお互いのスタイルを理解しようという趣旨のトレーニングでした。コミュニ
ケーションのスタイルが米国人よりもさらに婉曲である日本人として，このト
レーニングは忘れられないものになりました。

　インテルの2000年度の売上高は3,337億ドルであり，MPGの売上高は全社の
1割を上回っていました。向こう5年間に予想されるデスクトップ・パソコン
向けの売上高の伸長率が1桁の前半であったのに対して，ノートブック・パソ
コン向けの売上高は向こう5年間に年率10％を優に越える成長が見込まれてい
ました。ノートブック・パソコン向けのプロセッサーは粗利益率がデスクトッ
プ・パソコン向けに比較して格段に高く，この粗利益率を維持しながら売上高
を成長させる必要がありました。MPGはインテルの利益を伴った成長の牽引
車としての責任を背負っていました。

　当時，インテルは競合企業に先駆けて性能の高い新製品を発売することでマ
イクロプロセッサーを高い価格で販売することに成功していました。ムーアの
法則に従って開発されるより集積度の高い製造プロセスとクロック周波数の速
さが，マイクロプロセッサーの性能の指標になっていました。インテルの競争
戦略は，マイクロプロセッサーの高いクロック周波数で競合企業を突き放すこ
とにありました。デスクトップ・パソコン向けの「ブレークアウェイ（クロッ

ク周波数で突き放す）」戦略を借用して，MPGの事業戦略は「モバイル・ブレークアウェイ」戦略と呼ばれていました。

　2000年の春に，MPGの開発チームが次世代のプロセッサーをノートブック・パソコン用に転用するのが難しくなる可能性があるというレポートを出しました。プロセッサーから発生する熱を処理するために必要となる空冷用のファンがノートブック・パソコンの厚さに収まらなくなる可能性があることに加えて，プロセッサーの消費電力が大きくなり電池による使用可能時間が極端に短くなる可能性があることが指摘されました。ノートブック・パソコンは持ち運びやすくするために厚さを薄くして重さを軽くする必要があります。特に外部での使用を考えると，電池による使用時間を長くし，無線通信での利用が必要になります。

　2000年の秋に，MPGはノートブック用のマイクロプロセッサーのビジョンをモビリティという概念にまとめました。ビジョンは，ノートブック・パソコンとしての①処理性能，②形状，③無線通信，および④延長された電池での使用時間の4つから成り立っていました。新しいノートブック・パソコンに特化したマイクロプロセッサーを開発する戦略は，「モバイル・ライト・ハンド・ターン（ノートブックの右向きの転回）」戦略と社内で呼ばれるようになりました。

(1)　インテル本社CFOが主催する事業部コントローラーとの月次会議

　当時，本社CFOは配下のFP&A組織に属する十数名の事業部コントローラーを，本社に招集して月次会議を行っていました。全社レベルでの戦略課題の進捗を確認するために，毎月，討議するべき戦略課題を指定し，事前に担当の事業部コントローラーに報告書をまとめさせて，戦略課題に対処するためのプロジェクトの進捗と今後のアクションプランを本社CFOと十数名の事業部コントローラーの面前で報告させていました。この会議で使用される定型の報告書様式は，「ビジネスパートナーに対する影響力行使計画（Influence Plan）」と呼ばれ，以下の項目から構成されていました。

- Issue：何が問題なのか。
- Operations Perspective：事業本部長はどう考えているか。
- Finance Objective：CFO組織としての目標は何か。
- Strategic Impact：戦略上の影響は何か。

- Size of Issue : 財務上の影響は何か。
- Stakeholders : 社内で関与すべき利害関係者は誰か。
- Decision Points : どの段階で何を決めるべきか。
- Why Strategic ? : なぜ，この問題が戦略上，重要なのか。
- Finance Owner : CFO組織の中でこのプロジェクトの責任者は誰か。
- Plan of Attack : CFO組織としての課題解決へのプランは何か。
- Assistance Needed : 何かCFO組織として支援できることはないか。
- Expected Completion : いつまでに課題を解決すべきか。
- Proposed Grading : CFO組織としての役割を果たしているか。

　画期的だったのは，報告を受けるだけでなく，本社CFOを含む十数名の事業部コントローラーのグループによる討議が行われていたことです。1つの課題につき，報告に10分，討議が20分という時間配分でした。本社CFOはこのプロセスによって，CFO組織がビジネスパートナーとして1つになって（英語で「One Finance Voice（ファイナンスとしての1つの意見）」と呼んでいました），全社最適に向けた戦略の形成と実行ができる環境を作ることを狙っていました。筆者が担当した新しいノートブック・パソコンのビジョンに特化したマイクロプロセッサーを開発する戦略，「モバイル・ライト・ハンド・ターン（ノートブックの右向きの転回）」は，本社CFO会議で討議される戦略課題として選ばれました。上記の報告書様式を使用して，本社CFOを含むFP&A組織の幹部の前でプレゼンしました。

　報告書を作成した2001年当時から20年近くが経過しました。今も記憶に焼き付いているのは，本社CFOがインテルの経営戦略の実行にCFO組織のリーダーとして深くコミットしていた姿です。

　事業部コントローラーとの月次会議においても議論が白熱すると，議論を止めて，「ここは相手の言い分をもっと引き出せ」とか「この場面は押し返さないと駄目じゃないか」とコーチングをされていました。

　当時の本社CFOアンディ・ブライアントさんは，社内で複数の事業部コントローラーのポジションを経験してCFOに昇進した方でした。2020年1月までインテルの取締役会会長をされていました。FP&Aプロフェッションとして事業部コントローラーからCFOになられた点で，筆者のFP&Aキャリアのロールモデルの1人です。

(2) インテル本社で毎年作成される中期事業計画

　インテルでは毎年，年度前半に中期経営計画を審議し，年度後半に年度予算を審議していました。中期経営計画は製品ライン事業計画と呼ばれていました。MPGの事業部コントローラーとして，新しいマイクロプロセッサーがMPGの3年後の売上総利益に与える影響に関するシナリオ分析を行い，以下の結論を製品ライン事業計画へのインプットとして提出しました。

　新しく開発するマイクロプロセッサーが4つのベクトルをもとにプレミアム価格で販売することができるシナリオと，競合するプロセッサーに対してクロック周波数で大きな差が存在するためにプレミアム価格が消失してしまうシナリオの2つで，インテルの2004年度の損益に対する影響を分析しました。この分析は，新しいマイクロプロセッサーを従来のプレミアム価格で販売できなければ，MPGの2004年度に予想される売上総利益の額が半分近くに減少することを示していました。

　4つのベクトルをもとにプレミアム価格で販売することを困難にする3つの競争相手が存在していました。第1は，クロック周波数と価格で競争を続けるAMDという外部の競争者でした。第2は，社内のDPGが販売するデスクトップ・パソコン向けのプロセッサーでした。第3は，MPG自身が販売するクロック周波数の高いモバイル・ペンティアム4でした。新しいマイクロプロセッサーの立ち上げに失敗する万が一のシナリオに備えて，数年間の移行期間はモバイル・ペンティアム4を成功させなければなりませんでした。皮肉にも，来年度の利益成長を牽引するモバイル・ペンティアム4こそが，新しいマイクロプロセッサーのプレミアム価格を消失させる最大の脅威でした。

　どちらのシナリオが2004年に起こるかは誰にもわかりませんでした。しかし，インテル　アーキテクチャ事業本部のオッテリーニ本部長は2003年以降のノートブック・パソコン用の主力プロセッサーをモバイル・ペンティアム4から新しく開発するマイクロプロセッサーに変更するMPGの製品ロードマップの修正を承認しました。

(3) インテル本社における研究開発費の資源配分手法

　2000年の秋にインターネットのバブルが崩壊しました。それは皮肉にもインテルが2000年9月21日に第3四半期の業績下方修正を発表したことが引き金になりました。インテルの株価は前日比で実に23％下落し，全世界の株式市場を

襲いました。巷ではインテル・ショックと呼ばれました。インテルの売上高は2000年度の337億ドルから2001年度の265億ドルに減少し，営業利益は2000年度の103億ドルから2001年度の23億ドルへ激減しました。

　2000年度から2001年度に研究開発費予算が削減される中で，限られた研究開発予算をDPG，EPGとMPGの３つの製品事業部が激しく奪い合いました。製品開発プロジェクトの優先順位をめぐってDPGとMPGの間で激しい議論が戦わされました。新しいマイクロプロセッサーを2003年度に発売するために，MPGはその半分を占めるイスラエルの開発チームの人員を，2001年度において５割以上増加させる必要がありました。しかし，インテル アーキテクチャ事業本部の研究開発費予算の削減で，MPG全体の開発人員は減少させなければなりませんでした。

　インテルには２種類の予算が存在します。１つがPlanと呼ばれる年度予算，もう１つがPlan Of Record（POR）と呼ばれる３カ月ごとにローリングで作成される６カ月の実行予算です。年度予算は業績評価や報酬とセットになった年度の業績目標を数字にしたものです。PORは業績評価や報酬とは切り離されています。PORは年度予算で決まった業績目標を達成するためのコントロールを目的として作成される予算です。

　インテルの製品事業部において研究開発費予算の管理に使用していたのが，ゼロベース予算という手法です。ゼロベース予算とは，予算編成時点で既存のプロジェクトを継続することを前提にするのではなく，すべてのプロジェクトの必要性をゼロベースで見直すという手法です。インテル米国本社の事業部コントローラーとして経験した予算管理は，PORと呼ばれる実行予算とゼロベース予算を組み合わせた手法でした。

　当時，インテルの業績が著しく悪化したために，研究開発費の総額を大きく削減せざるを得ない状況でした。すべての新製品開発プロジェクトの優先順位を３カ月ごとに作成される６カ月実行予算の編成プロセスにおいて見直し，ゼロベース予算の手法で優先順位の低いプロジェクトを中止することが，事業部コントローラーのミッションでした。**図表8-8**は，2001年３月時点のPOR予算編成時に作成したゼロベース予算のテンプレートです。

　図表8-8の目的は研究開発費の予算編成にあるので，エンジニア人員数と研究開発費が左右に示されています。研究開発費の多くをエンジニアの人件費が占めるので，研究開発費の大小を決めるドライバーとしてエンジニア人員数

図表 8 - 8 ■ ゼロベース予算

プロジェクト	優先順位	エンジニア人員数				2001年度　研究開発費（千米ドル）				
		2001年3月末 実績	2001年6月末 実行予算	2001年9月末 実行予算	2001年12月末 予測	第1四半期 実績	第2四半期 実行予算	第3四半期 実行予算	第4四半期 予測	2001年度 予測
年度予算による目標										
ZBB Lineより上のプロジェクト										
Project A	1									
Project B	2									
Project C	3									
Project D	4									
Project E	5									
Project F	6									
Project G	7									
TOTAL ABOVE ZBB LINE										
年度予算目標との差異										
ZBB Lineより下のプロジェクト										
Project H	8									
Project I	9									
Project J	10									
TOTAL BELOW ZBB LINE										
TOTAL										

出典：Burgelman（2006）をもとに石橋作成。

が先に示され，研究開発費が後に示されています。

　予算編成時にまず，人員数が検討対象になることにご注目ください。インテルだけでなく，多くのグローバル企業において，人員数管理は予算管理プロセスの中核になっています。表で上から下に並べられているのが，研究開発費が投入される新製品開発プロジェクトです。プロジェクトという欄の横に優先順位が示されています。新製品開発プロジェクトが優先順位の順番で並べられています。表の下部には，ZBBラインより下のプロジェクトを表示する欄があり，すでに資源投入を中止したプロジェクトが示されています。

　事業部コントローラーとしてのミッションは，優先順位の高いプロジェクトに限られた資源を優先的に配分し，優先順位の低いプロジェクトの存続を事業部長と決めることでした。

　「本プロジェクトを中止にします」という意思決定の提案は，事業部コント

ローラーである筆者と当該プロジェクトのエンジニアのチームのリーダーが共同で行いました。自分のキャリアをかけて製品開発に携わっていたエンジニアの方々と一緒にチームの一員として働いたことは，思い出深い経験でした。

　彼らはエンジニアとして優秀な専門家であり，筆者は技術に関して素人です。事業部コントローラーが貢献できるのは，事業戦略を一緒に考えて，それを事業計画に落とし，事業の収益性を予測するプロセスです。「私は技術に関しては素人ですが，教えてください。このプロジェクトが成功するように一緒に頑張ります」という態度で働きました。

　2001年6月時点で中止が決定された「プロジェクトG（仮名）」と名付けられた新製品開発プロジェクトに関して，事業部コントローラーとして経験したFP&Aプロセスを紹介します。

　まず，月次で新製品開発プロジェクトの収益性を測定しました。最初にプロジェクトの将来キャッシュフローを予測します。新製品開発プロジェクトの収益性を決める最大の要因は，新製品の売上です。「G」というコードネームの新製品の売上高予測を作成し，予測損益計算書を作成します。予測損益計算書をもとに将来キャッシュフローを予測しました。

　予測キャッシュフローの前提条件それぞれに発生確率を割り当てて，**図表8-9**のとおり，モンテカルロ・シミュレーションの手法で新製品開発プロジェクトの正味現在価値（Net Present Value）を計算しました。

　ファイナンスの教科書では，プロジェクトの正味現在価値の値が負の値になれば，プロジェクトから撤退すべきであると書かれています。現実の投資意思決定においては，予測キャッシュフロー自体に幅があり，正味現在価値にも幅があります。正味現在価値の上下の幅を知ることは重要ですが，それのみでプロジェクトの中止を決定することはできませんでした。

　正味現在価値の分析と並行して月次で行ったのが，新製品開発プロジェクトのバランスト・スコアカードを作成し，プロジェクトの進捗をモニタリングすることでした。財務指標だけでなく，顧客獲得や品質などの非財務指標もモニターしました。その上で，3カ月ごとに行われる実行予算の編成プロセスにおいて，優先順位が低いプロジェクトの中止を決めました。**図表8-10**は，プロジェクトGで使用したバランスト・スコアカードです。

　研究開発費が削減される中で優先順位の低いプロジェクトを中止することで，新しいマイクロプロセッサーを開発するという最優先プロジェクトへの資源配

図表 8-9 ■ モンテカルロ・シミュレーション

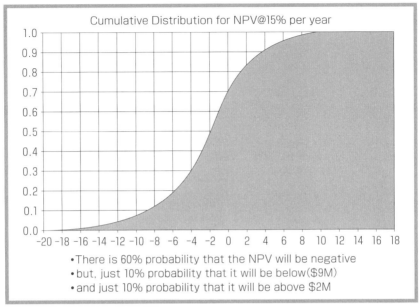

出典：Burgelman（2006）をもとに石橋作成。

分を増加させることができました。この資源配分プロセスは，2004年にノート
ブック・パソコン用の新しいマイクロプロセッサー「セントリーノ」を生み出
しました。インテルの営業利益は2001年度の22億ドルから2002年度の44億ドル，
2003年度の75億ドル，2004年度の101億ドル，2005年度の121億ドルへ急回復し，
再び成長軌道に戻りました。2005年度のアニュアル・レポートに以下のとおり，
要約されています。

　　「2005年度はインテルにとって多くの成果が上がった年になりました。年
　　間の売上高，粗利益，営業利益，そして純利益のすべてにおいて10％を超
　　える成長を遂げた３年目の年となりました。2005年度における成長の多く
　　は，ノートブック・パソコン用のプラットフォームの成功に帰するもので
　　あります。」

インテル　アーキテクチャ事業本部本部長から社長に昇進したオッテリーニ

図表8-10■プロジェクトGにおけるバランスト・スコアカード

財務上の目標 (Financial Goals)	目標 (Target)	現時点の予想 (Current)
材料コスト (BOM, US $)	$9	$10
平均製品売価 (ASP, US $)	$15	$15
粗利益率 (Margin%)	40%	18%
2001年度売上高 (Revenue, US $)	50M	14M
2001年度出荷個数 (Shipments, US $)	2M	0.5M
損益分岐点 (Breakeven) 達成時期	2001年第4四半期	2003年第2四半期
純現在価値 (NPV, US $)	41M	5M
設備投資額 (Capital Spend, US $)	6M	5M

顧客の目標 (Market Goals)	目標 (Target)	現時点の予想 (Current)
デザインウィン数 (Design Wins)	35	0
デザインロス数 (Design Losses)	0	11

品質の目標 (Quality Goals)	目標 (Target)	現時点の予想 (Current)
ソフトウェアのバグ数 (Urgent SW Bugs)	0	11
OEM顧客の品質基準達成率 (%)	100	78
品質ゲート数 (Quality Gates)	2	2

目標とするスケジュール (Target Schedule)	目標 (Target)	現時点の予想 (Current)
CSRからの初出荷	2001年第37週	2001年第39週
SMTDからの初出荷	2001年第45週	2001年第46週
エンジニアリングサンプル第1版完成	2001年第51週	2001年第52週
エンジニアリングサンプル第2版完成	NA	2002年第06週
Design Validation完了	2002年第03週	2002年第06週
PDC生産開始	2002年第10週	2002年第13週
ソフトウェア完成	2002年第11週	2002年第13週
OEM顧客用サンプル完成	2002年第13週	2002年第15週
通信関係規格等の承認完了	2002年第13週	2002年第16週
製品仕様の最終確認 (PTQ)	2002年第19週	2002年第22週
顧客への初出荷 (FCS)	2002年第19週	2002年第24週

製品性能の目標 (Performance Goals)	目標 (Target)	現時点の予想 (Current)
データレート (Date Rate)	450	480

出典：Burgelman（2006）を基に石橋作成。

さんは，2004年にインテル日本法人を訪れて全従業員と集会を持ちました。短いスピーチの後の質問の時間に，「新しいビジョンに基づくマイクロプロセッサーを投入するという製品ロードマップ変更の決断をした際に，モビリティの4つのベクトルでクロック周波数を置き換えることに本当に成算を持っていたのか」と尋ねました。オッテリーニさんは少し笑いながら，「成算はなかった。

しかし，行く先に大きな壁が立ちはだかっていることをわかっていて何もしないでいるのは，私のスタイルではない」と答えました。

　オッテリーニさんは，2005年にCEOに昇進され，インテルのマイクロプロセッサー事業のデスクトップ・パソコンからノートブック・パソコン，そしてサーバーへの多角化を牽引されました。また，2004年から2017年までグーグルで社外取締役を務められました。オッテリーニさんはインテルにFP&Aアナリストとして入社され，できたばかりのマイクロプロセッサー事業部の事業部コントローラーとして頭角を現されました。FP&Aプロフェッションとして事業部コントローラーからCEOになったオッテリーニさんも，筆者のFP&Aキャリアのロールモデルの１人です。

| 事例紹介 9 | 外資系PEファンドが投資する日本企業での経験 |（石橋善一郎）|

　筆者はインテル日本法人のCFOから出発して，外資系PEファンドが企業再生を目的に投資する日本企業2社でCFOを経験しました。その2社での経験を紹介させてください。

　企業再生ファンドの投資先のCFOとして必要なスキルには，戦略をしっかり理解した上で，CEOのパートナーとして短期的な業績目標を達成するために業績管理をしっかり行うことがあります。これは米国企業のCFOが期待されていることと，全く同じです。ディーアンドエムホールディングス株式会社（D&M）のCFOとして役に立ったのは，インテルのFP&A組織で学んだスキルでした。

　企業再生に必要なアクションには，①事業の選別，②徹底した固定費コストの削減，③徹底した資産圧縮，④徹底した変動費コストの削減，⑤成長戦略の実行の5つがあります。この5つの打ち手はタイミングとバランスが重要です。まず出血を止めて，キャッシュフローを黒字にすることが求められます。その意味では，②徹底した固定費コストの削減と，③徹底した資産圧縮が最初の打ち手となり，早いタイミングで効果が出やすいのです。②徹底した固定費コストの削減と，③徹底した資産圧縮と同じく，最初に取り組むべきなのが，①事業の選別です。具体的には，不振事業からの撤退です。D&M入社後の半年間で不振事業からの撤退に成功し，次に取り組んだのが成長戦略の実行に欠かせないFP&A組織の構築でした。

　当時のD&Mの企業戦略は，音響機器事業分野で著名なブランド企業を買収して事業部として取り込み，事業部間のシナジーを生み出すことにありました。川崎市にグローバル本社を置き，ブランド別事業部群と地域別事業部群のマトリックスからなる事業部制組織を採用していました。スピード感のある経営を行うために，FP&A組織の構築に取り組みました。CEOと相談して実施したのが，全社規模でのコントローラー制度でした。日本企業であったD&M社内には事業部レベルでコントローラーというポジションがありませんでした。D&Mのマトリックス組織に対応して，日本地域，米国地域，アジア地域，欧州地域に事業部コントローラーを1人ずつ配置しました。同時に，デノン，マランツ，マッキントッシュなどの事業単位に事業部コントローラーを1人ずつ配置しました。社内の事業部レベルにはコントローラーというポジションはありませんでしたが，事業部ごとに企画業務を担当するマネジャーたちがいまし

た。彼らは経理社員ではなく，事業部長のスタッフでした。会社の組織図を，事業部コントローラーが事業部長だけでなく，CFOにマトリックスでレポートするように改めました。事業部長から事前に個別に了解を戴いた上で，事業部の企画業務担当マネジャーに，「今月から事業部長だけでなく，事業部長と私の両方に事業部コントローラーとしてレポートしてください。ファイナンス関係の仕事の進め方は，私に相談してください」と連絡しました。コントローラー制度は米国や欧州の子会社にとっては当たり前の制度でしたが，日本の事業部門の方々への説明には時間がかかりました。

　コントローラー組織をもとにしたFP&A組織の発足に合わせ，月次の予算管理プロセスを見直しました。毎月，CEOや事業部長と行う月次経営会議の直前に，本社CFOとして各事業部を代表する10名余りの事業部コントローラーのチームを電話会議で招集しました。CFO組織として十分なコミュニケーションを持つことが目的でした。6カ月先までの利益を月次予測としてローリングで作成し，月次予測と年度予算のギャップを検討し，是正措置を講じるプロセスを構築しました。D&Mが米国や欧州で新たに買収した会社を事業部の1つとして取り込むために，買収した会社に事業部コントローラーを配置してグループとしての業績管理を行いました。

　FP&A組織の導入により，D&MのM&Aによる成長戦略を効果的に実行することができました。3年間の在任中，D&Mの業績は売上高，営業利益ともに著しく回復し，上場企業として東証二部から一部への指定替えに成功しました。

　外資系PEファンドが企業再生を目的に投資する会社の2社目の経験となる日本トイザらスには，代表取締役副社長兼最高財務責任者として入社しました。日本トイザらスは米国トイザらスの子会社ではありましたが，ジャスダック証券取引所に上場しており，日本マクドナルドと日本トイザらスを起業された藤田田さんが長年，オーナーをされた会社であったために，日本企業の側面が強く残っていました。社長室があり，その一部に経営企画部がありました。当時の社長に働きかけて，入社から半年後に，社長室の一部であった経営企画部をFP&A組織の中に移管しました。経営企画部とCFO組織下の事業管理部を統合して，CFO組織の一部としてFP&A組織を発足させました。多くの日本企業に存在する組織としてのFP&Aの課題，いわゆる経営管理部と事業管理部の壁を崩すことに成功しました。

第9章 グローバル企業における プロフェッションとしてのFP&A

[Ⅰ] FP&Aプロフェッションの役割

　多くのグローバル企業では，FP&A（Financial Planning & Analysis）組織と経理組織は完全に分かれている。インテルのCFO組織の場合，まずコントローラー組織（FP&A組織と経理組織）とトレジャリー組織（財務組織）に分かれ，次にコントローラー組織の中に経理を担当する組織と，本社および事業部で経営管理・事業管理を担当する組織に分かれる。後者の組織がFP&A組織である。FP&A組織に所属し，CFOをキャリアの目標とするプロフェッションがFP&Aプロフェッションである。

1　マネジメントコントロール・システム

　FP&Aプロフェッションの役割を，マネジメントコントロール・システムとの関わりから説明する。スタンフォード大学の管理会計研究者であるホングレン（Horngren, 2002）は，マネジメントコントロール・システムを，①計画とコントロールに関する意思決定を行い，②従業員を動機づけ，③業績を評価するために，情報を収集・利用する技法の論理的な体系と定義している。ホングレンは，マネジメントコントロール・システムの目的を「組織目標の達成」にあると位置づけ，以下の4つにまとめている。

　①　組織目標を明確に伝達する。
　②　マネージャーや従業員が，組織目標を達成するために自分たちが要求されている特定の行動について理解できるようにする。
　③　アクションの結果を組織に伝える。
　④　マネージャーや従業員が組織目標を達成できるように動機づける。

以下の**図表9-1**がホングレンの作成した，マネジメントコントロール・システムの概念図である。

図表9-1 ■マネジメントコントロール・システムの概念図

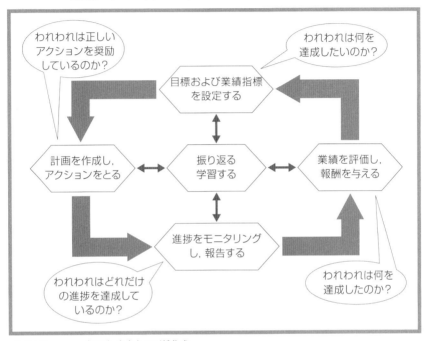

出典：Horngren（2002）をもとに石橋作成。

4つの箱に示されているコメントにご注目いただきたい。4つのコメントそれぞれに，「われわれ」という主語が示されている。マネジメントコントロール・システムは組織の構成員に対して働きかけるものであること，そして主語が「あなたたち」ではなく「われわれ」であることに，FP&Aプロフェッションのマネジメントコントロール・システムに関する当事者意識が示されている。FP&Aプロフェッションの役割は，「マネジメントコントロール・システムを設計し，運営すること」にある。

2　優秀企業に共通している効果的なFP&Aの12の原則

米国の管理会計士の職業人団体であるIMA（Institute of Management Accountants）は，優秀企業に共通している効果的なFP&Aの原則を以下の12の原則に

まとめている。原則1から原則5は，戦略形成から戦略実行に至る基盤を形作るFP&Aの基本原則である。

- 原則1：戦略計画および中期事業計画を作成し，戦略実行のために必要なプロジェクトを明確にする。
- 原則2：原則1のプロジェクトに必要な資源を明確にして，年度予算に反映させる。
- 原則3：年度予算（および実行予算）がどのように財務上の目標の達成に貢献するかを理解し，これらの予算に対する進捗をモニターする。
- 原則4：予算と実績（および予算と予測）の差異発生理由を，迅速にビジネスの面から明確にする。
- 原則5：財務上の目標および業務（オペレーション）上の目標の達成に乖離が発生した場合，是正措置を講ずる。

原則6から原則8は，当事者意識に基づく文化を醸成し，強化するためのアカウンタビリティに関する原則である。

- 原則6：全社レベルの財務上の目標および非財務上の目標を，より具体的な目標に変換して現場レベルの目標として設定する。
- 原則7：マネージャーおよび従業員に財務上の目標の達成に責任を持たせ，財務上の目標と金銭的な報酬を結びつける。
- 原則8：マネージャーおよび従業員に業務（オペレーション）上の目標の達成に責任を持たせ，業務（オペレーション）上の目標と金銭的な報酬を結びつける。

原則9から原則12は，FP&Aをさらに高い次元へ進化させるための原則である。

- 原則9：事業の成功をもたらすドライバーを明確にし，これらのドライバーに関して主要業績指標（KPIs：Key Performance Indicators）を設定する。
- 原則10：原則9の主要業績指標（KPIs）に関して，長期的および短期的な目標を設定する。
- 原則11：原則10の主要業績指標に関する目標を達成するために，プロジェ

クトを立ち上げる。
- 原則12：主要業績指標をモニターし，主要業績指標の目標と金銭的な報酬
  を結びつける。

　12の原則は，戦略の形成から実行に至るマネジメントコントロール・システムの目指すべき姿を示している。これらの原則は，FP&Aプロフェッションの目指すべき役割が「マネジメントコントロール・システムの設計者であり，運営者であること」を示唆している。

3　FP&Aプロフェッションの5つの役割

　米国のファイナンス職業人の団体であるAssociation for Financial Professionals（AFP）は，FP&Aプロフェッションに必要な知識やスキルを定義・検証するために業務の詳細な分析を実施した。個々の業務分野に精通した実務家が業務を構成する項目をリスト化し，実務家へのサーベイを実施した。サーベイの結果として，FP&Aプロフェッションの果たすべき役割を，以下の5つにまとめている。

① 分析，計画作成・予算作成・予測作成における予測，業績報告を通じて，組織内における意思決定プロセスに貢献する。
② 意思決定支援プロセス全体を理解し，プロセスの実行に貢献する。プロセスを環境変化に適応させて効率的に実行する。
③ 組織の財務業績に影響を与える要因に関する質的・量的情報を収集するために，組織内部および外部の関係者とコミュニケーションを行う。
④ 意思決定者やその他の利害関係者を支援するために，データや関連する事実を分析し，洞察を伝える。
⑤ プロフェッションとしての行動規範を理解し従う。

　AFPのサーベイは，FP&Aプロフェッションが「マネジメントコントロール・システムの設計・運営において，どのように経営意思決定に関与するべきか」を示している。
　ここまでグローバル企業における「FP&Aプロフェッションの役割」を紹介した。確認したいのは，組織としてのFP&Aの役割は企業ごとに異なっていても，プロフェッションとしてのFP&Aが目指すべき役割の本質は変わらないこ

とである。

　所属する企業によって，マネジメントコントロール・システムがいかに実施されるかは異なる。また，FP&Aプロフェッション各自が担当する役割は，所属企業内部でどの部門に所属するかによっても異なる。しかし，プロフェッションとしてのFP&Aの目指すべき役割は，「マネジメントコントロール・システムのあるべき姿を各自の役割において追求することにある」という点は変わらないのである。

［Ⅱ］　FP&Aプロフェッションに必要とされる　スキルセット

　マネジメントコントロール・システムの設計者・運営者であるFP&Aプロフェッションに必要とされるスキルセットを，管理会計士のグローバルな職業人団体によるフレームワークをもとに紹介する。

1　IMAのフレームワーク

　米国における管理会計士の職業人団体であるIMA（Institute of Management Accountants）は，管理会計に携わる職業人に必要とされるスキルセットを**図表9-2**のとおり，6つの分野にまとめている。

　まず，土台として①「職業倫理（Professional Ethics & Values）」がある。その土台の上に，②「戦略・計画・業績評価スキル（Strategy, Planning & Performance）」，③「報告・統制スキル（Reporting & Control）」，④「テクノロジーおよびアナリティクススキル（Technology & Analytics）」，⑤「事業・業務プロセスの理解・スキル（Business Acumen & Operations）」の4つがあり，これらの4つの分野を結びつけるものを⑥「リーダーシップスキル（Leadership）」としてまとめている。

　「職業倫理」は，職業人としての価値観，倫理的な行動，および法令を遵守するために必要とされる能力と定義されている。具体的には，倫理的に問題のある行動に気づいた場合にいかに対処するべきか等の能力が含まれる。

　「戦略・計画・業績評価スキル」は，将来を予測し，戦略計画プロセスを主導し，意思決定プロセスを支援し，リスクを管理し，業績をモニタリングするために必要とされる能力と定義されている。具体的には，戦略計画，意思決定

図表9-2 ■IMAのフレームワーク

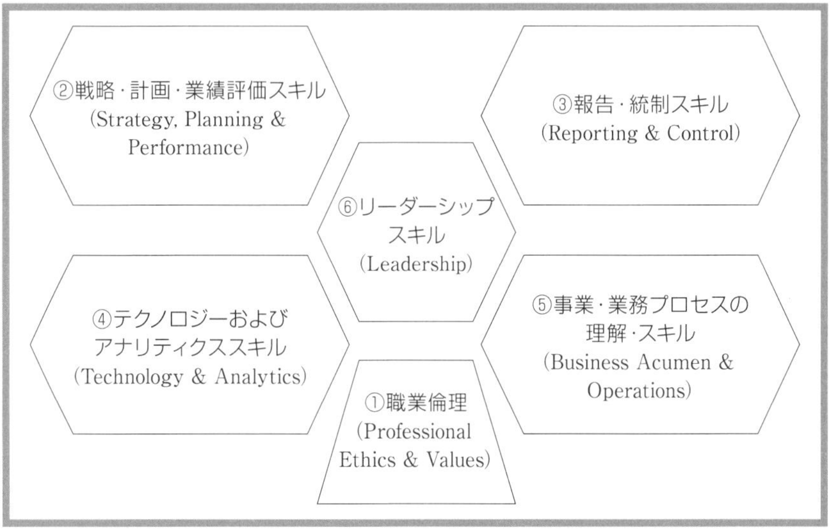

出典：IMA（Institute of Management Accountants）のウェブサイトをもとに石橋作成。

分析，投資意思決定，リスク管理，予算と予測の作成，企業財務，業績管理等の能力が含まれる。

　「報告・統制スキル」は，会計原則や法令に従って組織の業績を測定し，報告するために必要とされる能力と定義されている。具体的には，内部統制，原価計算，財務諸表作成，財務諸表分析，統合報告，税務の能力が含まれる。

　「テクノロジーおよびアナリティクススキル」は，テクノロジーを活用し，分析を行うために必要とされる能力と定義されている。具体的には，情報システム，データガバナンス，データアナリティクス，データビジュアリゼーションの能力が含まれる。

　「事業・業務プロセスの理解・スキル」は，職能横断的なクロスファンクションのチームにおいてビジネスパートナーであるために必要とされる能力と定義されている。具体的には，業界特有の知識，業務知識，品質管理の知識，プロジェクトマネジメントの知識が含まれる。

　最後に，「リーダーシップスキル」は，組織目標の達成に向けてチームのメンバーと協働し，鼓舞するために必要とされる能力と定義されている。具体的には，コミュニケーションのスキル，他人を動機づける能力，他者と協働する

能力，変革対応（チェンジ・マネジメント）に関する能力，紛争解決に関する能力，交渉能力，人材育成能力が含まれる。

2　CGMAのフレームワーク

　英国における管理会計士の職業人団体であるCIMA（Chartered Institute of Management Accountants）は，米国の公認会計士の職業人団体であるAmerican Institute of Certified Public Accountants（AICPA）と提携して，Chartered Global Management Accountants（CGMA）という管理会計士資格を作り，管理会計に携わる職業人に必要とされるスキルを**図表9-3**のとおり，5つの分野にまとめている。まず，①「技術スキル（Technical skills）」，②「ビジネススキル（Business skills）」，③「人的スキル（People skills）」，④「リーダーシップスキル（Leadership skills）」の4つがあり，その中心に⑤「デジタルスキル（Digital skills）」が配置されている。5つのスキルは，「職業倫理（Ethics, Integrity and Professionalism）」で囲まれている。

図表9-3 ■CGMAのフレームワーク

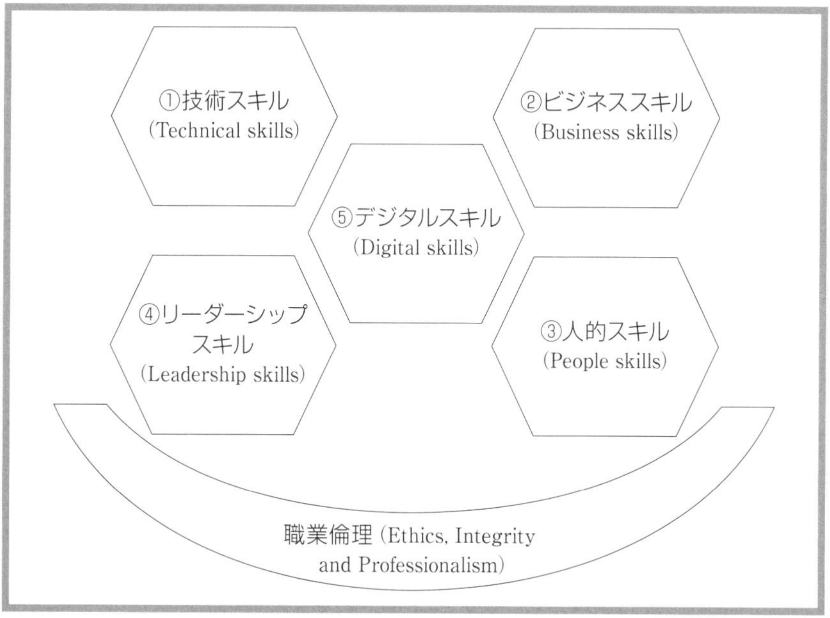

出典：CIMAのウェブサイト（CGMA Competency Framework）をもとに石橋作成。

　「技術スキル」は，利害関係者と共有される情報を収集・加工・分析し，会計原則などに従って組織内部や外部に対して報告を行うために必要とされるスキルと定義されている。具体的には，財務諸表報告，原価計算，マネジメントへの報告と分析，企業財務，リスク管理，内部統制，税務の能力が含まれる。

　「ビジネススキル」は，所属する組織の事業やエコシステムに関する知識を活用し，データを洞察に変えるために必要とされるスキルと定義されている。具体的には，戦略，ビジネスモデル，市場環境，プロセス管理，プロジェクトマネジメント，マクロ経済分析の能力が含まれる。

　「人的スキル」は，組織内の利害関係者の意思決定への影響を行使するために必要とされるコミュニケーションのスキルと定義されている。具体的には，他者への働きかけ，交渉，意思決定，コミュニケーション，他者との協働の能力が含まれる。

　「リーダーシップスキル」は，同僚間でのリーダーシップ，ファイナンス組織内でのリーダーシップ，戦略上のリーダーシップの3つの段階があると定義されている。具体的には，チームビルディング，コーチング，メンタリング，業績管理，動機づけ，変革対応（チェンジ・マネジメント）の能力が含まれる。

　「デジタルスキル」は，デジタル化が進む現代において管理会計に携わる職業人が意思決定に関与するために必須のスキルであり，他の4つのスキルの土台になっていると定義されている。具体的には，デジタルに関する知識，デジタルなコンテンツを作成する能力，問題解決能力，データに関する戦略作成能力，データアナリティクスの能力，データビジュアリゼーションの能力が含まれる。

　IMAとCGMAの2つのフレームワークに共通しているのは，「職業倫理」を基盤とした上で，5つのスキルセットを組み合わせている点である。興味深いのは，5つのスキルセットの関係性である。5つの能力の中心にあるのはIMAのフレームワークでは「リーダーシップスキル」であり，CGMAでは「デジタルスキル」である。

　この違いは2つの職業人団体のFP&Aプロフェッションの役割に関する考え方の違いを示している。IMAはFP&Aプロフェッションの役割の中心に「組織目標の達成」があると考え，「リーダーシップスキル」を5つの能力の中心に置いている。CGMAはFP&Aプロフェッションの役割の中心に「意思決定への貢献」があると考え，「デジタルスキル」を5つの能力の中心に置いてい

る。どちらのフレームワークが正しいということではないが，2つのフレームワークはFP&Aプロフェッションの役割に関する2つの側面を反映している。

［Ⅲ］FP&Aプロフェッションに必要なマインドセット

　ここまでFP&Aプロフェッションの役割と必要なスキルセットに関して紹介した。最後に紹介するのが，FP&Aプロフェッションに必要とされるマインドセットである。マインドセットはプロフェッションとしてのFP&Aの基盤である。

　インテルのFP&A組織では，以下の2つの点が強調されていた。

- プロフェッションとしてのFP&Aは，経営意思決定への関与に関して意思決定の「支援者」ではなく，意思決定の「当事者」である。
- プロフェッションとしてのFP&Aは，組織目標達成への関与に関して「経営者の補佐役」ではなく「経営者と対等のビジネスパートナー」，言い換えれば「経営者」である。

　FP&Aプロフェッションとしてのマインドセットは，フレームワークや概念を学ぶだけでは身につかない。実践を通して自分自身の経験を通じて学ぶべきものである。しかし，FP&Aの先駆者の歩みを学ぶことは，先駆者の経験を通じてフレームワークや概念がいかに生まれ，いかに適用されるのかを学べる点で価値がある。FP&Aの先駆者であるハロルド・ジェニーンの自伝と評伝からジェニーンのFP&Aプロフェッションとしての歩みを紹介し，FP&Aプロフェッションに必要とされるマインドセットについて考える。

　ジェニーンは，1959年にITTの社長に就任し，17年間の在任中に80カ国に所在する350社を買収・合併し，ITTをコングロマリットの代名詞にした。ジェニーンは伝説的な経営者として知られているが，1959年にITTの社長に就任する以前は，FP&Aプロフェッションとしてのキャリアを歩んできた。

　ジェニーンは1910年に英国ボーンマスで生まれた。父親が破産し，大学に進学することをあきらめ，16歳でニューヨーク証券取引所の場内で，初めはボーイとして，次に仲買店の場立ちとして働いた。1929年，19歳の時に，大恐慌で職を失う。図書の訪問販売，新聞の不動産広告の営業をしながらニューヨーク大学の夜間学校で会計学を学び，7年かけて卒業した。1935年，25歳の時に，

ライブランド会計事務所で働き，CPAの資格を取得した。監査人として勤務するジェニーンの姿を評伝は以下のように伝える。

「ジェニーンが関心を持ったのは監査そのものではなく，監査が示唆することだった。数字は企業のその年度の営業成績，すなわち利益率を明らかにした。それらの数字を明示することが監査人の仕事だった。しかしジェニーン個人は，その結果に引き付けられた。利益率が悪ければ，彼はその課題に個人的に挑み，経営を正しい軌道に戻すことに熱心に取り組んだ。そのような顧客の実績を突き止めたい一心で，ジェニーンは最初から経営者のやることに積極的に口出しした。それは必然的に，他人を怒らせることになった。」

20代後半のジェニーンの姿には，自分の与えられた権限に縛られず，経営者の仕事に積極的に口出しする姿勢が現れている。

ジェニーンは，1942年，32歳の時に，アメリカン・キャン社に入社した。対日本用の航空魚雷を製造する工場のコントローラーの地位を得た。ジェニーンの自伝は，与えられた権限を越えて「ビジネスパートナーとしての役割」を果たすために苦闘するジェニーンの姿を以下のように伝える。

「私は自分の仕事が，時としてその2つの工場のコントローラーの職分をはみ出して，生産の問題に関われることがあるのが嬉しかった。ある時は，生産ラインから出る廃棄物やスクラップの管理システムをつくる仕事を任されたことがあった。その時，いちばん私をてこずらせたのは，スクラップの記録を続けていると"本当の"仕事のペースが落ちると言って，素直に言うことを聞こうとしないある部長だった。私には彼をどうすることもできなかった。ところが，その後，彼は昇進して，工場のスクラップと廃棄物の管理の責任者に任命された。すると彼の見解は一変し，スクラップと廃棄物は彼の関心の対象となった。そして彼はスクラップを生産ラインに再循環させるチャンネルの番犬になった。それも私にとっては1つの教訓になった。」

ジェニーンは，1946年，36歳の時に，映写機を製造する，ベル・アンド・ハ

ウウェル社に入社し，本社コントローラーに就任した。評伝は，単なる「経営者の補佐役」ではなく「経営者の真のビジネスパートナー」，言い換えれば「経営者」であろうと奮闘するジェニーンの姿を，以下のように伝える。

　「ジェニーンの部下であったジョン・バカンは言う。『彼は製造部門の従業員のあいだを歩き回って，作業方法を聞くようになった』。ジェニーンは競合するものから安い方を選べばどれぐらい節約できるかを計算した。その種のことは，それまであの会社では一度もやったことがなかった。それは私の心に，そして多くの社員の心に他に企業のFP&A組織の人間が踏襲すべきパターンを植えつけた。そのおかげで彼らはトップマネジメントになったのだ。私は，ジェニーンが近代的な事業経営におけるFP&Aの役割と責任を確立したと思う。」

　「ジェニーンは財務管理を発明したわけではなかった。実際，彼が部下に最初に告げたのは，ローランドとハーの共著『経営管理のための予算編成』を読めということだった。彼の部下はこう語っている。『当時，会計学の講座では，これがトップマネジメントを助けることができるやり方だと教えていた。つまり，会計担当者がトップマネジメントだったわけでも，そうなる見込みがあったわけでもなかった。しかし，ジェニーンの考えは違っていた』。ジェニーンは自分をトップマネジメントの重要な一員と考え，自分のやり方をよりよい経営を導くための手段とみなしていた。」

　ジェニーンは，1950年，40歳の時に，米国で第5位の鉄鋼会社，ジョーンズ・アンド・ラフリン社に入社し，再び本社コントローラーとして勤務した。自伝は奮闘するジェニーンの姿を以下のように伝える。

　「私の仕事の大部分は，職長や監督に，自分たちの仕事の管理体制を作り，それぞれの業務活動のコストを検査・管理できるように説得することを，必然的に伴っているように思われた。私が繰り返し説明しなくてはならなかったのは，彼らをスパイするためにではなく，手助けをしに行くのだということだった。彼らの仕事の能率を高め，もっと働きやすくするのを手伝おうではないか，と。少しずつ，私は成功を収めた。それは長い道だっ

た。」

　ジェニーンは，1956年，46歳の時に，エレクトロニクス企業のレイセオン社
に入社し，執行副社長に就任した。ジェニーンはこの会社においてコントロー
ラー制度の導入に成功する。評伝は，事業部コントローラーが事業部長のビジ
ネスパートナーとして持つべきマインドセットを以下のように描いている。

　　「レイセオンは当時まったく無秩序な状態だったので，ジェニーンは，の
　ちにITTで最大の物議をかもしだした荒削りな方法を採用した。それは，
　各事業部と工場のコントローラーを，本社のコントローラーの直属にする
　やり方である。J&Lで，ジェニーンは一度もこの戦いに勝ったことはな
　かった。しかし，今度は，すべて自分の思いどおりに進めることができた。
　レイセオンの組織図では，コントローラーは各ライン部門の事業部長と点
　線で結ばれているだけだった。実際，彼らはライン部門の事業部長たちと
　一緒に報告書を検討した。コントローラーが月例報告書を作成するとき，
　ライン部門の事業部長の実績に関して，あらゆる欠点を詳しく報告するの
　が，コントローラーの役目だった。『社員をお互いに緊張関係に置くこと
　は，ジェニーンの制度の本質的な要素だった。それで，２人の人間が率直
　に問題を突き詰め合い，第三者がそれを判断することになった』と部下は
　言う。部下は，レイセオンの草創期に彼らが遭遇した無秩序な財務管理状
　態を克服するためには，コントローラーが独立した立場にいなければなら
　なかったと確信している。」

　レイセオンの副社長として成功したジェニーンは，1958年，48歳の時にITT
に社長兼CEOとして転職する。自伝は，事業部コントローラーが事業部長に
対して持つべきマインドセットに関するジェニーンの想いを以下のように示し
ている。

　　「自由な意思伝達と並んで，ITTに導入されたもう１つの改革は，会社の
　各事業部のコントローラーに，直接ニューヨーク本社に財務報告を送らせ
　るようにしたことだった。すると，ただちに事業部長たちから，彼らのコ
　ントローラーを本社のために働くスパイにしようとしているという非難が，

ごうごうと沸き起こった。たしかに，われわれはコントローラーから，本社への報告のコピーはもらってはいるが，コピーを寄こせばそれでいいというものじゃない，と彼らは言った。あんな報告……どこと言わず文句をつけたいところだけだ，と。彼らは自分たちの領地を完全に支配し，自分たちの財務マンの完全な忠誠を把握したかったのだ。しかし私は，本社へ提出する数字に直接責任のあるコントローラーに，事業部の活動について，周囲からなんの干渉も受けないチェックをしてほしかった。数字によって事実を糊塗もしくは粉飾するのは，言葉によってそうするのと同じくらい容易なことだ。誘惑はいつでも，すぐそこにある。意識的に嘘をつかなくても，人は物事や状況を各人各様に解釈するものだ。会社や事業部長は，ともすれば予想売上高を誇張し，コストその他を過少に見積もりがちで，その下で働く人々は唯々としてそれを受け入れる。私は事業部コントローラーたちが，そうした圧力に影響されることなく，率直な意見を本社に伝えることができるようにしたかった。もし事業部長と事業部コントローラーの見解が一致しなかったら，公開の場で十分に意見を聴取した上で，より高いレベルで決着をつければいい。」

　ジェニーンの自伝と評伝から読み取れるのは，「FP&Aプロフェッションは必ずしもFP&A組織の存在を前提に生まれたものではない」ということである。それはジェニーンのような「自分も経営者でありたい」という熱き想いを持ったFP&Aプロフェッションが，それぞれのキャリアを積み重ねる過程で生まれたものなのである。どの国で，どの企業で，どの部門に所属しているかにかかわらず，「FP&Aプロフェッションに求められるマインドセットの核心は変わらない」のである。

　ジェニーンの自伝と評伝から読み取れるもう1つのメッセージは，「プロフェッションとしてのFP&Aと組織としてのFP&A（コントローラー制度）は，表裏一体の関係にある」ということである。コントローラー制度はプロフェッションとしてのFP&Aにビジネスパートナーとして活躍する場を与える。同時に，プロフェッションとしてのFP&Aが組織としてのFP&A（コントローラー制度）を有効に機能させる。組織としてコントローラー制度を導入しても，FP&Aプロフェッションにビジネスパートナーとしてのマインドセットが備わっていなければ，「仏を作って，魂を入れず」になってしまう。

事例紹介10　松下電器の経理組織 （石橋善一郎）

　今日，ほとんどの日本企業において，事業部制は導入されてもコントローラー制度（事業部コントローラーが事業部長と本社コントローラーにマトリックスでレポートする制度）は導入されていません。しかし，一部の日本企業では事業部制とともにコントローラー制度が導入されています。その代表的な事例として松下電器の経理組織を紹介します。

　松下電器では，経理部門が決算機能だけでなく，予算管理などの事業計画機能を担っています。松下電器には有名な「経理社員本社直轄制度」があります。本社経理部が一括管理して経理社員の身分保証を行うことで，経理部長が事業部長の暴走を止め，経理社員として守るべき職務に専念できる体制を確立しています。

　1930年代に松下電器で「経理社員本社直轄制度」を確立したのは，松下幸之助自身が松下電器の大番頭と呼んだ高橋荒太郎です。著書の『語り継ぐ松下経営』で，本制度が必要な理由を以下のとおり，説明しています。

　　「なぜそれが必要かといえば，別にこれは監視するためではなくて，私は経験的に，経理が乱れると経営そのものが乱れるという考え方が強かったので，その乱れを防止するために，経理をまず厳正にしようと考えたからである。もちろん経理部員は，各事業部長の指揮に従って日常勤務しなければならないが，もし仮に事業部長が経理準則に反するような要求をした場合，はっきりと『それはできません』と断ることができねばならない。そのためには，経理社員の身分を本社が保証する形にしておかないと，なかなか事業部長に直言するというわけにはいかなくなってしまう。」

　高橋荒太郎が「経理社員本社直轄制度」に取り組んだ理由は，経理部としての内部統制強化にありました。しかし，松下幸之助は経理のあるべき姿に関して，「経理というものは，単に会社の会計係ではなく，企業経営全体の羅針盤の役割を果たすいわゆる経営管理，経営経理でなければならない」という考えを持っていました。

　グローバル企業のFP＆A組織と松下電器の経理組織には，(1)経理機能と経営管理機能の両方を持つ，(2)本社と事業部をマトリックス組織でつなぐコント

ローラー制度，(3)社員のキャリア作りを支援する業績評価制度や社員背番号制度，という共通点が見られます。

　しかし，グローバル企業のFP&A組織と松下電器の経理組織には相違点も見受けられます。管理会計研究者である吉田（2012）は以下のように説明します。

　　「米国的管理会計がコントローラー部門主導のトップダウン型計数管理だとすると，事業部門経理担当主導の日本的管理会計は様相が異なる。実際に，三菱電機など数社は戦前から予算統制や標準原価計算等の計数管理を実施していた。しかし，当時から日本企業におけるコントローラーに米国企業のような強い権限はなかった。」

『ジャパニーズ・マネジメント』（1981）では，松下電器における経理組織の役割をジェニーンが築いたITTにおけるFP&A組織の役割と比較しています。

　　「松下の財務管理体制の最前線にいるのが，コントローラーたちだ。コントローラーたちは担当の事業部内にしっかり根を下ろしている。二人の主人の納得がいくような働きをするという綱渡り的な行為には熟練が必要である。コントローラーたちは事業部長らに対しあまり多くの助言をすることはつつしみ，事実を示し事実をもって語らせるようにと言われている。コントローラーは自らの役割を次のように説明する。『私たちは経営側の番人と言われるようなことはまずありえません。毎月発表される営業業績報告とか，事業部トップの反省会とか，非常に多くのことによって，現状がひとめでわかるような環境が出来上がっています。情報体制はたいへんうまくいっていて，隠し利益などもまずありません。ですからコントローラーは何かを密告するスパイとして設けられているのではないのです。どちらかと言うと，昔ながらの日本の家庭における女房役みたいなものです。女房と同じで外から見えないような仕事をしていながら，家庭の財政状態をおさえ，事業部トップに現状を忘れないよう気づかせるのです。』」

　松下電器における経理組織の役割を家庭の主婦にたとえたのは，高橋荒太郎とともに松下の経理を創った樋野正二でした。著書の中で経理社員と事業部長の関係を，事業計画制度を例に以下のように説明しています。

　「松下電器の経理は，松下電器の経営に参画するという重大な職責をもっ
ている。経理という職能によって，自ら経営を行っているといっていい。
これを『経営経理』という。家庭の主婦が，主婦という立場で家庭の健全
な維持成長に努めるように，いわば経営の主婦，女房役に徹しているので
ある。」

　「松下電器には事業計画制度というものがあり，これが月次決算制度と表
裏一体となって，事業部制を支えている。事業計画は今日の事業部長が
持っている力，それに来期の予測，それからさらに自分の理想，自分の念
願，悲願をこめてつくりあげたもので，これは尊いもの。他人が一指も指
せない。経理本部でも修正できない。そのまま社長のところに届く。」

　松下電器では「松下経理の役割」を「事業場長の経営遂行補佐」と位置づけ
ています。今日のパナソニックにおいてもこの位置づけは引き継がれています。
インテルのFP&A組織は自らの役割を「経営者と対等なビジネスパートナー」
と定義しており，意思決定プロセスにおいて支援者に留まらず，当事者になる
ことを目指すべきだとしてきました。ハロルド・ジェニーンは，コントロー
ラーの役割を「経営者の一員」であると考えていました。グローバル企業の
FP&A組織とパナソニックの経理組織の最大の相違点は，「組織としての
FP&A」のビジネスパートナーとしての位置づけの違いにあるのではないで
しょうか。
　『企業会計』2016年12月号の特集，「パナソニックの本社改革」では，経理・
財務担当代表取締役専務の河合英明氏が経理社員の意識改革に関して以下のよ
うに述べられています。

　「語弊をおそれずに申し上げますと，日本の会社には，役員であれ部長職
であれ，経理担当とは『アカウンティング・スペシャリスト』でもよいと
いった意識が根強いのではないかと思います。それは弊社も例外ではあり
ません。もし経理部門を変革できるとしたら，仕事の視点改革が不可欠で
す。経理を長く担当しますと，ご指摘戴いたように過去の固まった数字，
事実としての数字以外は気持ち悪いのでしょうね。」

「経理社員がもっとファイナンスの要素を持った暁には経営を担うCFO人財が育つのではないかと考えています。そこで経理部と財務部を1年前に融合し，物理的にも同じフロアにしました。ただ，思うようには進みませんでした。これは正直，がっかりしましたね。日常の業務が忙しいせいもあるかと思いますが，財務の特色が失せ，固まった数字だけで考えるようになってしまったのです。」

　グローバル企業とパナソニックにおける「組織としてのFP&A」の役割の違いは，「プロフェッションとしてのFP&A」に必要とされるマインドセットとスキルセットに大きな違いをもたらしているのではないでしょうか。日本におけるFP&Aプロフェッションの発展のために，パナソニックの経理社員の方々と議論を深めていきたいテーマです。

第10章 グローバル企業における FP&Aの経営管理手法

［I］予算の機能と予予分析

1 予算の持つ最も重要な機能

　まず，CFOやFP&A部門が使う，最も一般的で広く使われている経営管理のツールである予算の機能を考えてみたい。CFOとFP&Aの役割の1つは，社長の考えている戦略を理解し，形式知に展開して関連社員に通知・伝達と行動の実施を促すことであり，この役割を遂行するために使われているものが予算である。

　予算の決定と配賦において，最も重要な機能は「戦略の伝達機能」であるのだが，社員にこの大切な機能が十分に理解されているか甚だ疑問である。経理・財務の部門員ですら理解は十分でないようである。CFOは，営業・技術・製造などの現場の人たちと直接会い，時間を使って話すことができないのが実情で，予算の展開こそが戦略を社内の隅々にまで伝えることができる重要な手法でありながら，その機能を理解してもらえていなければ正確な伝達は期待できないだろう。

　さらに，財務数字で展開する場合には，戦略をかなり凝縮することになるので，実際には受け取り側で財務数字を拡張して理解しなければならないことが多い。たとえば，メールで大きなエクセルファイルを凝縮して送るようなイメージで，受取者は解凍ソフト（zip）で開いて展開しなければ詳細を読み取ることはできない。数字だけを見ていても，背後に潜む戦略を理解することは困難だ。

　予算の機能を十分に活用するためには，CFOやFP&Aは数字でストーリー

を語るべくコミュニケーション能力を高める必要があろう。また，受け取り側に対しても，数字を数字として読むのではなく，その裏側に潜んでいるものを見出すスキルの伝達や教育も必要になってくる。

2　トップダウンとボトムアップ

　CFOの責務は，自社の資本コストを確定し，資本コストをカバーすべきファイナンス主要管理指標の目標を設定することである。目標は，短期（1年）と中長期（3〜5年）の双方を設定することが望ましい。そして，ファイナンス主要管理指標における目標を，財務戦略目標と事業戦略目標に分解する。財務戦略目標は，資本調達手法，配当戦略，投資額，自己株取得，そして中長期では，目標ROEやROICを含むものへ展開する。事業戦略目標の展開は，PLが中心となる場合が多いが，売上，コスト，利益，運転資本等を設定することとなる。

　展開された各目標は独立性を帯びるが，最終的にはCFO所管にて資本コスト，財務目標，そして，事業目標は一致する。その後，各責任部門との擦り合わせとなるが，ここまでのプロセスは資本コスト主軸で見ているので，事業環境や組織能力を十分に考慮していない。したがって，現在の事業環境や組織能力で目標を設定するボトムアップで上がってきた数字とはギャップが存在する場合が多い。

　ボトムアップでのギャップ解消で効果的な施策はイノベーションと組織能力の向上である。資本コストとイノベーションは相反すると指摘されることもあるが，資本コスト経営とボトムアップで生じるギャップの解消を達成することはイノベーション活動抜きでは難しい。ファイナンスと経営管理の融合においてイノベーションは要となる。

　イノベーションを促進させる経営管理として重要なことは，非財務資本の把握と強化である。企業における非財務資本としては，顧客資本，組織資本，人的資本，ナレッジ資本などが挙げられる。そして，活動としては，オープンイノベーションなどを通じて，社会的な要請を理解し，外部の資本を取り込みながら，社内における非財務資本を組み込んでイノベーティブな製品やサービスを提供していくことで企業における連続的イノベーションを起こしていくことになる。

　また，組織能力の向上についても戦略，目標，施策を設定してFP&Aが

PDCAを回すべきであるが，組織や人財の育成は時間を要する場合が多いので，中長期目標の中で財務目標と擦り合わせるプロセスの組み入れが必須となろう。

　資本コスト主軸アプローチとボトムアップアプローチ間のギャップ解消努力はCFO，トレジャリー，FP&Aが執り行う必要がある。交渉には譲歩がつきものだが，譲歩の内容によっては財務戦略にも大きな影響を及ぼすし，他の展開項目の修正も必要となる場合もある。各項目のギャップ解消には，リソースの再分配やポートフォリオの組み替えも当然必要となる。ボトムアップのみの手法では資本コスト経営は導入できないこと，そして，ギャップ解消には営業，技術などの部門能力の向上や迅速なアクションが要請される。

　つまり，CFO，トレジャリー，FP&Aが資本コストを理解し，資本コスト経営指標を展開し，各部門において，FP&Aは当事者意識をもって各部門特有の能力やアクションで目標達成を目指すのが健全な経営管理手法である。

3　予実分析から予予分析へ：予算‒予測分析

　予算と実績の差異分析である予実分析は，言わずと知れた経営会計の主要項目であったが，これからの時代は予算と予測の差異分析である予予分析へ主軸が移るであろう。予予分析は，筆者（昆）の造語であり，今までは予測と予算を一致させる経営管理が行われるのが通例なので，この2項目が異なることには違和感があると思われる。ROE経営が唱えられるようになり，株主視点や資本コスト主軸での経営がより強化されるようになってきている。この趨勢に対しては，資本を使って企業経営を行う以上，金融界との対話を経営管理に組み込むことの必要性は疑う余地はない。

　しかし，金融視点での期待値と事業視点での能力と時間軸は必ずしも一致しない。したがって，資本市場からの期待値から展開した目標値は，事業推進能力を考慮しないで作成されてしまう可能性が高い。ROE経営における経営管理は市場期待値と事業推進能力の差異を把握して，いかに差異を埋めるかの意思決定を行ったり，経営資源配分を行ったりすることになる。

　まず，CFOやFP&Aに求められることは，資本市場の期待値を事業活動に分解して，責任範囲ごとに目標値を設定することである。一部に，ROEを全社員に理解させるべきとの論調もあるが，金融言語を他の業種の人たちに理解させるのは無意味である。金融と事業間の通訳を行うのが，CFOやFP&A部門員の最も重要な役割である。

　次に，前項でも述べたように，より経営判断を生かすようにするためには，過去ではなく将来の差異分析に対してアクションを立てるべきであり，将来の予測を決める能力が求められる。歴史概念の会計手法では，確定事象を見つけ出して数字を当てはめる能力が問われてきた。しかし，今後は未確定で不確実な世界での予測数字確定能力が問われてくる。

　このスキルは，今まで経理マンが追い求めてきたスキルとは全く異なるもので，IOT時代においても依然として人間が執り行うべき職務の中心となろう。将来数字については，数字からだけ追い求めることには限界があり，経理・財務部門が独自で判定するよりは，現場の人たちの方がより豊富な情報を握っている。しかし，現場の人たちからの予想数字は，予測の出し方によって自分たちの今後の行動や評価に制約が出たり，過度の期待が振ってきたりすることを危惧して歪められた数字になる可能性が高い。

　また，現場の人たちは，行動内容を数字に展開する能力に長けているとは限らない。経理・財務部門はより中立な立場で観察することが可能であり，数字への展開能力には長けている。さらに，ノイズの多い予測数字をより適切な数字に落とし込むには，人間に対する観察と判断が必要となるが，この能力は今まで経理・財務部門には求められてこなかったスキルでもあるので，スキルの再構築の努力も求められてくる。

　予予分析は，時間軸が長くなれば長くなるほど経営効率を上げることができ，さらに，ROE経営の短所である近視眼的思考を中長期思考に変えて，より健全な経営管理体制を構築できる。したがって，未来志向（ヘッドライト経営）は，今後CFOやFP&Aにとって最も重要な視座になるであろう。

事例紹介11 | トイザらスの月次会議　　　　　　　　　　（石橋善一郎）

　筆者が９年間CFOを務めたトイザらスの事例を使って，月次会議の実際を説明します。

　月次会議には，米国本社のCEO，CFO，米国本社コントローラー，子会社CEOおよび子会社CFOが出席しました。重要だったのは，米国本社および子会社からCEOとCFOの両方がペアとなって出席することでした。毎月，月次決算が出るタイミングで，３時間の電話会議が開催されました。司会は本社CFOが務め，各子会社CFOが15分の持分時間に，月次報告書の要点を報告します。本社CEOと本社CFOの役割は良い質問をすることでした。子会社CEOと子会社CFOがチームとなり，本社CEOの質問に答えました。

　月次報告書の目的は，営業利益（MARKET EBITDA）の年度予算目標達成に向けたモニタリングです。子会社CFOに求められるのは，正確な事実に基づいた予測（'Rigorous Forecast'）を作成した上で，目標達成のために必要な是正措置を子会社CEOのビジネスパートナーとして講ずることでした。本社CFOは子会社CFOが正確な予測を提出することを奨励するために，「予測の正確性ランキング（Forecast Accuracy Contest）」というプロセスを実施していました。全世界の子会社CFOが毎月，作成する「ローリング予測」と実績を比較し，正確性で子会社を順位付けして月次報告書の最初の頁に掲載しました。

　図表10-1は管理会計における業績管理のPDCAサイクルを示しています。図表の下部に「予算差異分析」と名付けられたボックスがあります。予算差異分析は年度予算目標の達成を目的とする予算管理のPDCAサイクルの一部であり，月次ベースおよび四半期ベースで実施されるプロセスです。管理会計の教科書の多くは，年度予算と実績の差異分析を行い，目標値と実績値の差異が発生した場合に是正措置を行うことを「予実分析（予算実績差異分析）」と定義しています。グローバル企業においては予実分析の実施と同時に，年度予算と現時点での予測の差異分析を行い，目標値と予測値の差異が発生した場合に是正措置を取ります。本書はこれを「予予分析（予算予測差異分析）」と呼びます。

　グローバル企業においては，予算差異分析に関する時間と努力の多くを予実分析ではなく，予予分析に費やします。予予分析において正確な利益予測を行うことが重要です。利益予測の出発点は売上予測です。売上予測の精度を高めることが利益予測の精度を高め，ひいては予算管理プロセスの成否を決めます。

図表10-1 ■ 基本のPDCAサイクル

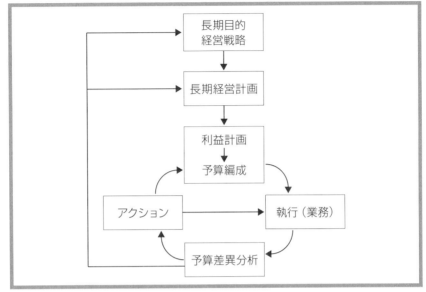

出典：谷（2013）をもとに石橋作成。

　予測売上高の決定は，すべての事業計画作成の出発点です。

　予測売上高は，生産高，人員配置，設備の稼働率，材料購入高，広告・宣伝費用，販売促進費等の予測額に大きな影響を与えます。特に，変動費部分は予測売上高に連動します。また，予測売上高は，必要となる運転資本（売掛金・棚卸資産等）の額や外部からの資金調達必要額に影響を与えます。一言でまとめれば，正確な利益予測の要諦は正確な売上予測にあります。

　トイザらスの月次報告書の様式は，**図表10-2**のとおりです。月次報告書の縦軸は，損益計算書項目が並んでいます。横軸は最初に「XX年4月（当月実績）」が表示されます。

　月次報告書には，当四半期の予測，次四半期の予測，当年度の予測が表示されます。現状に関する分析として予算実績差異の分析は必要です。しかし，多くの時間と努力を要したのは，当月のローリング予測と前月のローリング予測との差異を分析することでした。

　毎月の月次報告書の作成に多くの時間と努力を要したのは，この報告書自体の作成だけではありませんでした。損益計算書の一番上の行の売上高予測と上

図表10-2 ■ トイザらスの月次報告書

XX年4月					XX年5月				
実績		差異－有利差異/(不利差異)			予測		差異－有利差異/(不利差異)		
金額（百万円）	対前期同月成長率（%）	対前月作成の予測	対年度予算	対前期同月実績	金額（百万円）	対前期同月成長率（%）	対前月作成の予測	対年度予算	対前期同月実績
損益計算書項目									
売上高									
売上原価									
売上総利益									
店舗　販売・一般管理費									
物流センター　販売・一般管理費									
本社　販売・一般管理費									
販売・一般管理費合計									
EBITDA－営業利益									
年度業績賞与									
業績賞与控除後のEBITDA－営業利益									
臨時的利益もしくは損失									
臨時的利益もしくは損失控除後のEBITDA－営業利益									

【XX年4月】
- 「実績：金額」は，当月実績です。
- 「差異：対前月作成の予測」は，当月実績と前月に作成したローリング予測と当月実績の差異です。
- 「差異：対年度予算」は，当月実績と年度予算との差異です。
- 「差異：対前期同月実績」は，当月実績と前期同月実績との差異です。
- 「XX年4月」の横に，翌月の「XX年5月」が表示されます。

【XX年5月】
- 「予測：金額」は，当月に作成したXX年5月に関するローリング予測です。
- 「差異：対前月作成の予測」は，当月に作成したXX年5月に関するローリング予測と前月に作成したXX年5月に関するローリング予測との差異です。
- 「差異：対年度予算」は，当月に作成したXX年5月に関するローリング予測と年度予算との差異です。
- 「差異：対前期同月実績」は，当月に作成したXX年5月に関するローリング予測と前期5月実績との差異です。

出典：日本バイアウト研究所（2012）をもとに石橋作成。

から3行目の売上総利益予測を作成するために，全体の半分以上を費やしていました。小売業はメーカーや卸から商品を仕入れ，その商品に値入（価格設定）をして販売します。つまり，小売業の付加価値は値入をした商品を販売することで得る売上総利益です。営業利益（MARKET EBITDA）の年度予算達成に向けた利益管理の要諦は，売上総利益をいかに最大化するかにあります。

　小売業では商品カテゴリー（ライン，クラス，サブクラス，SKU等）ごとに商品計画，販売計画，仕入計画を作成して，売上と売上総利益（売上に粗利益率を乗じたもの）の実績値を日時および週次で管理しています。月次報告書の作成に時間と努力を要したのは，金額などの財務情報だけではなく，個数などの非財務情報をもとに，売上予測，売上総利益予測，在庫高予測を行うことでした。商品部門およびサプライチェーン部門のビジネスパートナーとして，FP&A部門は週次および月次の定例会議で状況を把握し，是正措置の提案・実行に取り組んでいました。利益管理の成功のカギは，CFO組織がビジネスパートナーとして利害関係者とどこまで綿密なコミュニケーションを取ることができるかにあります。

事例紹介12 **マイクロソフト，機械学習による売上予測精度の改善** （石橋善一郎）

　マイクロソフト米国本社における売上予測の精度向上への取り組みの事例を紹介します。筆者は2018年11月4日から7日に米国シカゴで開催された「AFP 2018」に参加しました。AFPとはThe Association for Financial Professionalsの略称であり，ファイナンス職業人を支援する職業人団体です。AFPは毎年，ファイナンス職業人のネットワーキングを目的とした世界最大規模のカンファレンスを主催しています。会場はシカゴ最大のコンベンションセンターを占有し，240を超えるスポンサーが展示ブースを構えました。2018年の参加者数は7,000名を超え，Treasury（財務）分野とFP&A（経営管理）分野を対象に100種類を超えるワークショップが開催されました。

　そのワークショップの1つが，Microsoft社のCFO組織において，機械学習（Machine Learning）が予測を改善するためにいかに使われているかを具体例とともに紹介するものでした。講演者は，Microsoft社のマシュー・ボロス氏（Finance Director）とコリー・ヘンリック氏（Group Finance Manager）でした。

　講演者のメッセージは，「ファイナンス職業人は，予測に関して最も正確な予測作成プロセスを実行したいと願う一方，プロセスに投入する時間と資源をコントロールしなければならない。予測はバイアスがかかっているかもしれないし，作成に時間がかかる。現状の予測を新しいデータを反映して作成し直すことは難しい。機械学習によって予測プロセスを強化することは，機械と人間のインテリジェンスを融合して，より正確で動的な最新の予測を作成することを可能にする」というものでした。2015年当時，Microsoft社のCFOは売上予測の正確性の低さに不満を募らせていました。外部から2名のデータ・サイエンティストを起用して機械学習を活用して売上予測プロセスの改善を図るプロジェクトを立ち上げました。当時，100カ所を超える子会社や顧客セグメントや製品グループからの売上予測を四半期ごとに吸い上げて統合していました。この作業はスプレッドシートを使って行われ，2～3週間を要しました。

　直近3カ月の売上予測に関しては，機械学習からのインプットではなく，顧客からの受注やプロジェクトの進捗状況を売上高予測に数値化したパイプラインメソッド（Pipeline Method）からのインプットを使用しました。直近3カ月以降の期間における売上予測として，機械学習からのインプットを使用しました。100カ所を超える子会社や顧客セグメントのそれぞれの過去の実績値に対

し，96個のモデルを適用した上で，歴史的な実績に関して正確性が最も高い予測を採用しました。1つの成果として，機械学習を活用した売上予測プロセスにより，Microsoft社は正確性の高い予測を得ることが可能になりました。予測作成のリードタイムに2週間から3週間を要していたのが，2日で作成できるようになりました。もう1つの成果として，ビジネス・ファイナンス部門は，売上予測の作成に多くの時間をかけることなく，ビジネス・インサイト（事業内容の洞察）に関連したビジネスパートナーとしての役割により多くの時間をかけることができるようになりました。

　講演者が最後の質疑応答で強調したのは，売上予測プロセスにおける組織の「人間的な側面」でした。子会社や事業部における子会社社長や事業部長は，売上予測を提出する際に常に予算数値を提出する動機を有しています。特に，直近四半期以降の期間の売上予測を提出する際には，その傾向が強いのです。

　売上予測が売上予算を上回っていれば，良いニュースは最後まで出さないようにします。売上予測が売上予算を下回っていれば，悪いニュースは最後まで出さないようにします。正しい売上予測を提出するのが子会社CFOや事業部CFOの役割ですが，子会社社長や事業部長を正しい方向へ導くのは容易ではありません。機械学習からのインプットによって子会社レベルや事業部レベルの売上予測に関してより正確なデータを持つこと，特に，本社がそのデータを有していることは，子会社社長や事業部長が誤った動機で売上予測を提出することを抑制する効果があるとのことでした。

　最後に，「正しい売上予測を得ることでCFO組織として何ができるようになるのか」との質問が出ました。「本社と子会社・事業部が正しい売上予測を共有することは，全社のどの事業に資源をより多く配分し，どの事業において資源配分を抑制するかを話し合うためのベースになっており，事業部レベルでは最新の予測をもとに機動的なアクションを取ることのベースになっている」との回答が講演者からありました。

　筆者は，米国企業と日本企業の本社サイドと子会社サイドの両方で業績管理を経験してきました。全社業績の管理の要諦は，（当然ですが）いかに事業部業績を管理できるかにあります。機械学習による売上予測の導入が売上予測の正確性向上に貢献する過程において，組織の「人間的な側面」がカギになったという知見は，実務家として大変に興味深いです。

事例紹介13	ヤフーにおけるFP&Aの実際の取り組み

（大矢俊樹）

　ここではヤフーの実際の経営管理がどのように行われていたかを紹介します。経営管理で重視していたいくつかの点を挙げます。

(1)　市場シェア

　特に予算編成や目標を決定するときに，どのくらいの目標を設定するのが妥当なのかは悩むところです。経営サイドとしては高い目標を掲げたいわけですが，社内的な納得感がないような目標を設定すると長続きしません。トップラインである売上高はすべての前提となりますが，市場成長率を下回る成長の場合，市場シェアを失うことになります。ヤフーが対象としている市場はいくつかのビッグプレイヤーがしのぎを削っているような事業が多いため，市場シェアにはこだわっており，少なくとも市場成長率より同程度以上の売上成長を1つの目安としていました。

(2)　KPI

　ヤフーのほとんどの事業はB2Cのインターネットサービスです。インターネットサービスの経営管理には，愚直なKPIの可視化とモニタリングが非常に大切です。たとえば，メディア事業であればDAU（デイリーアクティブユーザー）やインプレッション数，コンバージョンレートなどであり，コマース事業ではそれに加えて取扱高などです。ユーザー数や取扱高は売上の先行的な指標でもあるため，株式市場においても大変着目されます。事業のコンディションを測る上で主要なKPIについての目標設定と実績や見通しの分析は，PLの管理と同様に重要なものでした。

(3)　ヒト関連コスト

　次にコスト面についてですが，インターネットサービス企業の場合，それほど大きな設備投資はありません。そうすると管理すべき主なコストというのは，人件費や業務委託費といった人員連動するコストか，プロモーションコストとなります。

　筆者（大矢）はヒト周りのコストをヒト関連コストというように名付けて別に管理をしていました。また，社員のヘッドカウントの管理は予算の前提とな

るものですが，これを厳密に行いました。特に正社員については長期的な雇用が前提となるので過大な人員計画は経営者として無責任な計画と言えます。

　ただ，現場からは人の要請というのは常に過大気味に上がってきます。1つ目安にしていたのは，1人当たりの売上や利益です。特に1人当たりの利益が著しく減少してしまうと，社員の給与を上げるのは難しい判断となります。社員の給与を上げるのは利益の中でしかできないため，利益を上げるのが重要なのです。ただ，実際は先行投資事業があると利益が減るため，そう単純ではありません。各企業で人員計画をどうするかというのは大きな悩みの1つだと考えています。

⑷　投資予算

　一定の金額を超える投資については，投資予算として通常の事業予算とは分けて考えていました。各事業とも増益幅の中でやりくりできる投資については裁量を与えていましたが，利益が減るとなると全体で投資に値するのかという議論が必要となります。多くはプロモーションへの投資が中心でしたが，ROIや回収期間を用いて議論をしていました。

［Ⅱ］ グローバル企業におけるマネジメント コントロール・システム

　管理会計研究者のホングレン（Horngren, 2002）は，マネジメントコントロール・システムの目的を「組織目標の達成」にあると位置づけ，以下の4つにまとめている。

①　組織目標を明確に伝達する。

②　マネージャーや従業員が，組織目標を達成するために自分たちが要求されている特定の行動について理解できるようにする。

③　アクションの結果を組織に伝える。

④　マネージャーや従業員が組織目標を達成できるように動機づける。

　ホングレンは，マネジメントコントロール・システムを以下の概念図（**図表10-3**）にまとめている。図表の上部にある「目標および業績指標を設定する」と名付けられた箱が出発点である。そこから左側の「計画を作成し，アクションをとる」と名付けられた箱へつながり，下部にある「進捗をモニタリングし，報告する」と名付けられた箱を経由して，右側の「業績を評価し，報酬を与える」と名付けられた箱に到達する。マネジメントコントロール・システムとは，「組織目標を達成するために組織の構成員（ヒト）に働きかけるシステム」である。

　マネジメントコントロール・システムは「ヒト」を対象としているために，多くの日本企業ではマネジメントコントロール・システムの企画・運営を人事部門が担当している。管理会計研究者の加登ほか（2007）は，以下のように説明する。

　　「他の経営学領域と異なり，『管理会計』は実務において実践される特定の部門をもたない。一般的に管理会計は財務部門や経理部門が担当しているといわれるが，それ以外にも，管理会計の重要な役割を担う部門はいくつか存在している。わが国におけるマネジメントコントロールの実践が，人事部門と経理部門の二重構造で行われているという指摘もなされている。つまり，わが国の企業において管理会計は特定の部門と一体一対応してい

図表10-3 ■マネジメントコントロール・システムの概念図（図表 9 - 1 の再掲）

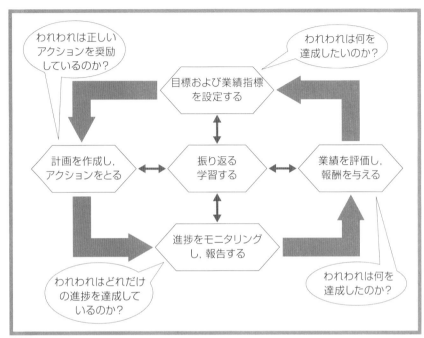

出典：Horngren（2002）をもとに石橋作成。

　るというよりは，いくつかの部門に分散して実行されているといえる。ア
メリカの企業ではコントローラーにより管理会計の多くが担当されている
というが，わが国では同様の組織はほとんどの企業で存在しない。」

　グローバル企業においてFP&A組織の役割は，「マネジメントコントロー
ル・システムを設計し，運営すること」にある。組織目標の達成のために，
FP&A組織は，「マネジメントコントロール・システムの設計・運営に，当事
者意識を持って関わること」が強く求められている。

事例紹介14	インテルとグーグルのマネジメントコントロール・システム　（石橋善一郎）

≪インテルの事例≫

(1) 目標設定

　インテルでは目標設定は年度単位で行われ，毎年，中期経営計画が更新されていました。中期経営計画の更新に基づいて作成されるのが年度予算でした。インテルにおける業績賞与は年度予算で決められた目標の達成状況で決まりました。年度予算目標を達成するために3カ月周期で6カ月の予算を作成しました。PORは業績のコントロールを目的とした実行予算で，業績賞与とは切り離されていました。

　組織目標設定に対応して，マネージャーおよび従業員個人の業績賞与に関する目標が設定されました。年度予算に対応しているのが，個人ごとの年度目標です。個人ごとの業績賞与は年度目標の達成状況で決まりました。個人ごとの年度目標を達成するために3カ月周期で6カ月間の目標を作成しました。6カ月間の目標は個人業績のコントロールを目的とし，業績賞与とは切り離されていました。つまり，インテルでは組織業績と個人業績のそれぞれの目標の達成を目的とした2つのサイクルが回っていました。それぞれのサイクルは連動して，期首の目標設定，期中には3カ月ごとに目標達成状況のモニタリングを行っていました。

　インテル日本法人の年度予算書の目次の最初に掲示されたのは年度予算ではありませんでした。目次の最初に示されているのは，「従業員への賞与に関する業績目標（Employee Bonus Target）」でした。年度予算は2番目の項目でした。組織業績目標を決める年度予算の予算書の最初に賞与に関する業績目標が示されることは，インテルのFP&A組織のマネジメントコントロール・システムに対する取り組みを象徴しています。

　ジョン・ドーアの"Measure What Matters"（2018）によれば，組織における個人の目標設定システムを最初に考案したのは，経営学者のピーター・ドラッカーでした。ドラッカーは，結果重視の，それでいて人間本位の経営理論を提唱しました。データに基づいて調和のとれた長期計画と短期計画を策定し，職場での定期的な対話によって充実させていくことを提唱しました。ドラッカーの「目標と自己統制による管理」は，インテルのアンディ・グローブの出

発点になりました。アンディ・グローブはドラッカーに敬意を表し，自らが考案した目標設定システムをIntel Management By Objectives（インテル版「目標による経営管理」）と名付けたそうです。

　アンディ・グローブの"High Output Management"（Grove, 1983）は，インテルにおける個人目標の管理システムを以下のように説明しています。目標（Objectives）と主要な成果（Key Results）を組み合わせるのが，グローブのアイデアでした。

　「MBOの背後にある考えは極めて簡単なものである。つまり目的地を知らずして，そこへ行き着くことはできないということ。言い換えれば，昔のインディアンの諺のように，『目的地を知らないなら，どの道を通ってもそこに行き着く』ということなのである。」

　「MBOシステムが成功するには次の2つの質問に答えさえすればよい。1つ目が，私はどこへ行きたいか？（その答えが『目標（Objectives)』になる）である。2つ目が，そこへ到達するためには自分のペースをどう決めるか？（その答えがマイルストーン，すなわち『主要な成果（Key Results)』になる）である。」

　「『主要な成果』は，測定可能なものでなければならない。期末にそれを見て，達成できたかできなかったか，イエスかノーか，議論の余地なく判断できなければならない。単純な話だ。そこには主観は一切挟まれない。」

　「MBOのシステムが焦点を当てる期間はどのくらいであるべきか。MBOは現在行っている特定の仕事に関連するフィードバックを提供するために考案されたものである。それは『どんな』進み具合か，調整が必要なら『どんなことを』調整すべきかを教えてくれるべきものである。フィードバックが効果的であるためには，それが測定している活動が起こったなら直ちにわかるようにしておかねばならない。したがって，1つのMBOシステムは，比較的短時間の目標を設定しなければならない。たとえば，我々が1年を基準として計画するならば，これに対応するMBOの時間枠は少なくとも四半期ごとか，あるいは月に1回ということにもなる。」

ジョン・ドーアの"Measure What Matters"（2018）には，インテルにおけるMBOが**図表10-4**のように例示されています。主要な成果は，Specific（特定可能），Measurable（測定可能），Achievable（達成可能），Relevant（関連性がある），Time-Bound（時期が明確）の5つの要件を満たすことが必要でした。

図表10-4 ■ インテルのMBOs

> **全社目標｜OBJECTIVE**
> 「8086」を業界最高性能の16ビット・マイクロプロセッサ・ファミリーにする。
> 以下をその尺度とする。
>
> **主要な結果｜KEY RESULTS**（1980年第2四半期）
> 1　「8086」ファミリーの性能の優位性を示すベンチマークを5つ開発し，公表する（0.6）
> 2　「8086」ファミリーの全製品をリリースし直す（1.0）
> 3　8MHz版の製造を開始する（0）
> 4　演算コプロセッサのサンプルを遅くとも6月15日までに製作する（0.9）

出典：Doerr（2018）。

⑵　上司と部下の1対1による継続的な対話

インテルでは，個人目標の設定と進捗管理は，「ワン・オン・ワン」と呼ばれる上司と部下の1対1による継続的な対話によって行われます。筆者がインテルで勤務していた当時，自分の上司と週1回の個人面談を持ち，MBOsに関して何か問題があれば逐次，報告していました。月1回の月次報告ではMBOs全体の進捗状況を報告していました。また，四半期ごとに自分のMBOの内容を更新していました。つまり，組織業績と個人業績のそれぞれの目標の達成を目的とした2つのサイクルが連動して，期首の目標設定，期中の目標達成状況のモニタリングを行っていました。

当時のインテルは，ポジションの力ではなく，知識の力で議論がされることを社是としており，「建設的な対立」が奨励されていました。歴史家，リチャード・テドロー（2008）は，当時のインテルの社風を以下のように記しています。

「このような社風を生み出した手前，グローブは誰よりも厳しい基準を守らなくてはならなかった。よく知られているように彼は事業上のテーマに

関しては，徹底してその陰にある真実を突き止めようとする。インテルでもこの姿勢を貫き，話し合いでは必ず相手ではなく課題に焦点を絞る。だがこれには異論もある。社内には，グローブが真実を掘り起こそうとするなかで，意図していたかどうかはわからないが，自分たちを面と向かって責めた，と受け止めている人も少なくないのだ。グローブ自身も穏やかな心境のときに，『自分は相手を十分に理解しないまま深い傷を与えてしまった』と認めている。1980年代初め，ある従業員が『お願いですから，たまにはお叱り以外の言葉をかけてください』という物悲しいメモを持ってきた。彼はそれをデスクのそばの壁に貼った。確かに，この叫びを忘れなかった。そのメモは今なお，彼のすっきりしたオフィスで見ることができる。ビニールケースに収まり，壁に掛かっているのだ。」

　筆者のインテルでの同僚だった板越正彦さんはインテル日本法人のファイナンス部門に入社されて，1990年代後半に米国本社で勤務されました。現在はコーチングの専門家として活躍されています。著書の『上司のすごい一言』（2017年）で，1990年代におけるインテルの文化とその後の20年間に起こった変化を，以下のように説明されています。

　　「1990年代当時のインテルの管理職は，部下の意見に対して，『理解できない』，『言いたいことはわかるけど，その答えは好きじゃない』と大勢の前で非難するような人ばかりでした。プレッシャーのあまり，大の大人が会議で泣き出した姿を何度も目撃したことがあります。ポジティブでプレッシャーに強いアメリカ人でさえ，耐えられなかったのです。」

　　「2010年代前半にインテルで初めてコーチングの講座を受けたときは，その意義をよく理解していませんでした。部下に寄り添うような対話をすること自体に懐疑的だったのです。当時のCEOだったポール・オッテリーニに，『昔の経営陣は激しかったじゃないか。なぜ最近，部下に気を遣えと言い出したのか』と聞いたことがあります。その時の返事は，実に明快でした。『昔は宇宙飛行士のように，上を目指す者はワークハード（激しく働け）だった。それを期待する若者は，アップ・オア・アウト（昇進できなければ会社を去れ）を納得していたのだが，今の優しい若者は，それ

ではついてこない。だから，時代が変われば，マネジメントスタイルも変わるのだ。自分がされてイヤなことは，相手にもしないようなマネジメントに変わらないといけない。自分が厳しい上司に鍛えられたから，自分が厳しい上司になって鍛えなければならないという考えは通用しない。それだと，いい人もとれないのだよ』。」

　オッテリーニさん（136ページ参照）は2004年から2017年までグーグルで社外取締役をされていました。インテルからグーグルへ移植された目標管理手法，「上司と部下の1対1による継続的な対話」が，形を変えてグーグルからインテルへ里帰りしたように見えます。

(3)　業績評価：期末の査定会議

　インテルでは，期首に個人業績の目標設定を行い，期中に上司との継続的な対話を行い，期末に業績評価を行って，それをもとにボーナス，昇給，昇進などの報酬が決まります。インテルでは期末の業績評価がいかに行われているかを紹介します。

　マネージャーが直属の部下の業績を評価する際に，ランキング・アンド・レーティングと呼ばれる査定会議を行います。マネージャーは査定会議において，直属の部下を他部門の同じ職位の従業員と徹底的に比較します。ランキングは通常，比較対象のグループを3つに分けて，上位と中位と下位の3つに分類します。レーティングはランキングをもとに，「非常に良い」，「良い」，「要改善」のいずれかの評価を付けます。インテルの上級幹部の1人は，「査定会議は真剣勝負だ。マネージャーが直属の部下の評価を述べる際に，対象者について事実をもとに評価を述べないと罵倒されます。その意味で査定会議よりも真剣に行われるものはない」とバーゲルマン（2006）で述べています。

(4)　報　　酬

　筆者のインテルでの同僚だった祖父江基史さんは複数のグローバル企業で勤務されて，現在はベンチャー企業を経営されています。著書の『若者よ，外資系はいいぞ』（2015年）で，グローバル企業におけるキャリアに関して貴重なアドバイスを提供されています。著書でグローバル企業における典型的な組織図と報酬体系を**図表10-5**と**図表10-6**のとおり説明されています。

　グローバル企業における基本給は，等級（グレード）によってレンジが決められています。昇進は基本給のレンジを決める等級が上がることです。査定会議で「非常に良い」，「良い」，「要改善」の評価のうち，「非常に良い」の評価を得た社員が昇進の候補者になります。「要改善」の評価を2年続けて受ける

図表10-5 ■外資系の典型的な組織図

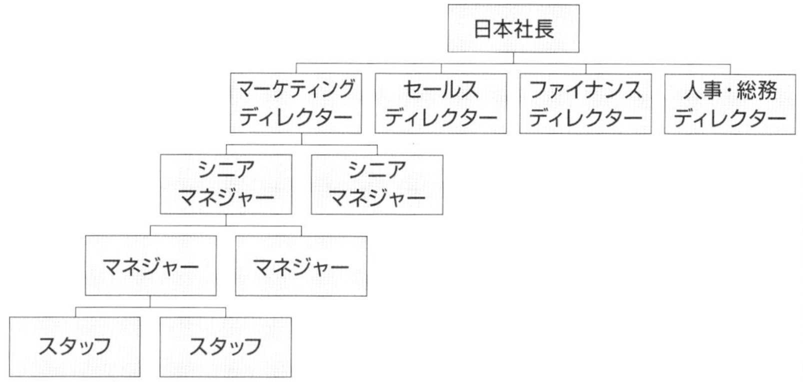

```
                          ┌──────────┐
                          │  日本社長  │
                          └──────────┘
        ┌───────────┬───────────┼───────────┬───────────┐
┌──────────┐ ┌──────────┐ ┌──────────┐ ┌──────────┐
│マーケティング│ │ セールス  │ │ファイナンス│ │ 人事・総務 │
│ディレクター │ │ディレクター│ │ディレクター│ │ディレクター│
└──────────┘ └──────────┘ └──────────┘ └──────────┘
      ┌──────────┬──────────┐
┌──────────┐ ┌──────────┐
│  シニア   │ │  シニア   │
│マネジャー │ │マネジャー │
└──────────┘ └──────────┘
   ┌──────────┬──────────┐
┌──────────┐ ┌──────────┐
│マネジャー │ │マネジャー │
└──────────┘ └──────────┘
 ┌──────────┬──────────┐
┌──────────┐ ┌──────────┐
│ スタッフ  │ │ スタッフ  │
└──────────┘ └──────────┘
```

（注）　本組織図の下部に示されているスタッフはマネジャーの部下である担当者です。管理部門を
　　　意味するスタッフ部門とは区別しています。

出典：祖父江（2015）。

図表10-6 ■外資系の報酬体系

	責任のレベル	ポジション例	基本給	基本給+ボーナス（目安）	総報酬
グレード1	オペレーショナルな仕事	秘書	400～ 600万円	400～ 700万円	
グレード3	自分で仕事がこなせる	マーケティング・エグゼクティブ	600～ 800万円	700～ 900万円	
グレード5	小さな部署の責任者	マーケティング・マネジャー	700～1,200万円	800～1,400万円	+長期インセンティブ
グレード7	大きな部署の責任者	グローバルブランドマネジャー	1,200～1,800万円	1,600～2,300万円	
グレード9	部門の責任者	セールスディレクター	1,500～2,500万円	2,200～3,500万円	
グレード10	日本拠点の責任者	カントリーマネジャー	1,500～5,000万円	2,200万円～1億円以上	

出典：祖父江（2015）。

と，業績改善への計画を準備することが必要になります。

　毎年４月に実施される定期昇給については，毎年，本社から昇給の指針が出ます。たとえば，会社全体の昇給が４％とすると，「非常に良い」は４％の２倍で８％，「良い」は４％の半分で２％，そして「要改善」は昇給ゼロになります。

　インテルにおいては，期首に個人業績の目標設定を行い，期中に上司との継続的な対話を行い，期末に業績評価を行って，それをもとに個人ごとの業績賞与の額や昇給率や昇進の有無が決まるという，マネジメントコントロール・システムが厳格に運用されていました。インテルでは目標設定，継続的な対話，業績評価および報酬の４つの輪が，１つのマネジメントコントロール・システムとして機能していました。

≪グーグルの事例≫

　ジョン・ドーアはシリコンバレーの代表的なベンチャーキャピタルであるクライナー・パーキンスの会長です。コンパック，サンマイクロシステムズ，アマゾン，グーグルなどに投資したベンチャーキャピタリストとして有名です。彼は1974年にインテルに入社し，当時の上司がグローブでした。彼はクライナー・パーキンスの会長としてグーグルの社外取締役に就任し，グーグルの創業者にインテルのMBOを紹介しました。ドーアの著書『Measure What Matters』から，インテルのiMBOs（Intel Management by Objectives）がグーグルのOKRs（Objectives and Key Results）としてどのように進化したかを紹介します。

(1)　目標設定

　グーグルでは，目標設定を行う際に，OKRs（Objectives and Key Results）を２つのカテゴリーに分けます。100％達成しなければならない目標（コミットするOKR）と，社運を賭けた大胆な目標（野心的なOKR）の２つです。社運を賭けた大胆な目標は，経営学者のジェームス・コリンズが『ビジョナリーカンパニー2　飛躍の法則』で以下のとおり定義しています。

　　「社運を賭けた大胆な目標（BHAG：Big Hairy Audacious Goals）は，極め

て大きく，難しい目標である。未登頂の高山のようなもの，明確で魅力的
であり，従業員がただちに理解できる目標である。会社の力を結集する目
標になり，その実現に向けて全力を尽くす過程で，従業員が鍛えられ，連
帯感が生まれる。1960年代のNASAの月旅行計画のように，創造力を刺激
し，人々の心をつかむ。」

　コミットする目標は，新製品のリリース，顧客などに関するグーグルの経営
指標と結びついています。販売額や収益といったコミットする目標は，設定さ
れた期限内に完全に達成される必要があります。野心的目標は，壮大なビジョ
ン，高いリスク，未来志向の発想を反映します。達成は困難で平均４割が失敗
に終わりますが，それは織り込み済みです。
　グーグルでは，個人が悪い評価を恐れず，のびのびと失敗できる環境を創る
ことを重視しています。問題解決を促し，社員をすばらしい成果に駆り立てる
ために，たとえ四半期目標の一部が未達に終わるリスクがあっても野心的目標
を設定させます。ただ，OKRが非現実的なものにならないように目標を高く
しすぎるのも避けます。成功できないことがわかりきっていると，社員の士気
は下がります。組織の文化に合致するストレッチのOKRを考案します。最適な
「ストレッチ」の度合いは，事業上のニーズに応じて時間とともに変化します。

(2)　対話，フィードバック，承認をもとにした継続的CFR

　グーグルでは，年次勤務評定に変わる業績管理手法として，対話（Conversa-
tion），フィードバック（Feedback），承認（Recognition）の３つからなる継続
的CFRと呼ばれる業績管理手法を実施しています。対話では，パフォーマン
ス向上を目的に，マネージャーと従業員の間で行われる真摯で深みのある意見
交換を行います。フィードバックでは，プロセスを評価し，将来の改善につな
げるための，同僚との双方向のあるいはネットワーク型のコミュニケーション
を行います。承認では，大小さまざまな貢献に対して，しかるべき個人に感謝
を伝えます。
　グーグルでは，苦戦している個人に適宜必要な支援を与えるため，継続的パ
フォーマンス管理を重視しています。未来志向の目標管理（OKRs：Objectives
and Key Results）と過去を振り返る年次業績評価を切り離すことで，野心的目
標設定を促します。目標達成をボーナスと結びつけると，力の出し惜しみやリ

スク回避行動につながります。社員の相対評価や順位づけを止め，透明性の高い，強みに主眼を置く多面的な評価基準に基づくパフォーマンス評価を導入します。数字だけを見ず，個人のチームプレー，コミュニケーション能力，野心的に目標設定をしているかを評価します。**図表10-7**は，グーグルにおける評点のサンプル例です。OKRsの評点が進捗のみで決まるのではなく，自己評価が反映されていることにご注目ください。

図表10-7 ■ グーグルのOKRs

OKR	進　捗	評　点	自己評価
新規顧客を10件獲得	70%	0.9	市場が低迷したため，OKRを達成するのは私が想定したよりもはるかに困難だった。新規顧客を7件獲得できたのは，大変な努力が実を結んだ結果である。
新規顧客を10件獲得	100%	0.7	四半期が始まってわずか8週間で目標を達成してしまったので，目標が低すぎたことに気づいた。
新規顧客を10件獲得	80%	0.6	8件の新規顧客を獲得できたのは，努力の結果というより幸運に恵まれたためだ。1件の顧客が5件の仲間を紹介してくれた。
新規顧客を10件獲得	90%	0.5	新規顧客を9件獲得できたが，そのうち7件はわずかな売り上げしか生まないことがわかった。

出典：Doerr（2018）。

　管理会計研究者のサイモンズ（188ページ参照）によれば，トップが意図する戦略を計画どおりに実行することを目的とする診断型コントロールシステムにおいては，報酬とボーナスは定式化されます。インセンティブを定式化すれば，診断型コントロールシステムがより強化されます。一方，社運を賭けた大胆な目標（野心的なOKR）を追求するためには，現場主導の戦略形成プロセスによって創発的な戦略を支援することが必要になります。創発的な戦略を支援することが目的である対話型コントロールシステムの場合，インセンティブを事前に決めた方式にリンクさせる方法は必ずしもうまくいきません。

　対話型コントロールシステムのインセンティブは，イノベーションに対する

個々の努力と貢献度に報いるのが正しいのです。これは「主観的な評価」になります。主観的評価は，部下の努力を正しく見極める能力を必要とします。事業環境，決断の背景，選択肢の数，他の選択肢の成果の見通しなどをきちんと把握することが要求されます。これらを熟知せずには，公正な評価は下し得ません。このような知識を得るには，事業と競争環境の変化をよく理解するしかないため，評価を行う上司も時間と関心を割いて学ぶことになります。そのために継続的CFRが重要になるのです。

(3)　マネジメントコントロール・システムの４つの輪：目標設定，継続的対話，業績評価および報酬の関係

　グーグル人事担当上級副社長のラズロ・ボックは，著書の『ワーク・ルールズ！』の中で，業績管理システムの問題に対処する方法としてシリコンバレーに本社を構える企業の多くが年次業績評価を放棄していると述べています。

　　「アドビ，エクスペディア，ジュニパーネットワークス，ケリー・サービシーズ，マイクロソフトなどが，年次業績評価を廃止した。」

　グーグルでは目標の評価結果と報酬の間に，意識的に距離を置く努力をしています。OKRs（Objectives and Key Results）の評点が個人の業績評価の結果に占める割合は３分の１以下だそうです。業績評価では，部門横断のチームからのフィードバックや，何よりその人物の置かれた状況が重視されます。

　しかし，年次業績評価を廃止した企業とは異なり，今日のグーグルにおいてOKRsの評点と報酬はまだつながっています。OKRsの評点をもとに，期末の業績評価が実施されています。100%達成しなければならない目標（コミットするOKR）が存在する以上，目標設定，継続的対話，業績評価および報酬の４つの輪が完全に切り離されることはありません。インテルでは４つの輪は同心円のように重なっていました。ドーア（2018）によれば，現在のグーグルでは，４つの輪はつながっていても一部だけでつながっており，もはや同心円ではありません。インテルとグーグルのマネジメントコントロール・システムは，互いに影響し合いながら進化してきたのです。

事例紹介15　ジャック・ウェルチとGE・バリュー　　　（昆　政彦）

(1)　GEの予算概念

　ジャック・ウェルチは，実務的に執行されている予算を2つの概念に分類し，自滅的（Killing dynamics）な手法として問題を指摘しています。それは，「交渉による示談アプローチ（Negotiated Settlement）」と「作り笑いアプローチ（Phony Smile）」です。

- **交渉による示談アプローチ**：事業実行部隊は，ボトムアップ手法により詳細な実行可能な施策をもとに，あらゆるリスク要因を加味してくる。たとえば，競合が設立した新工場の過剰生産能力による値下げ攻勢や原材料価格の高騰である。予算承認側は，経済環境の楽観的予測をもとに高い目標設定を模索する。予算設定過程は，分厚い資料による長時間の予算会議を含め複雑で長い時間を要する。最終的には，両者の主張の中間点で予算の合意が行われて翌年の会計年度に突入する。この過程での問題点は，投入された時間は長いが何が達成できるかの議論はほとんど行われないことである。また，財務目標を最小の数字に押さえ込む可能性があり，最大でどこまで達成できるかの議論がまったく行われない点も問題である。さらに，外部要因は忘れ去られて内部での議論に終始するので，予算という管理会計のツールは，事業実行部隊の視野を狭くし内向きにしてしまうので事業活動に負の要素として機能してしまう。

- **作り笑いアプローチ**：日本ではトップダウン・アプローチとして認識されている手法である。事業実行部隊は，交渉による示談アプローチと同様にボトムアップ手法により詳細な実行可能な施策をもとに，あらゆるリスク要因を加味してくる。大きな違いは，分厚い資料による長時間の予算会議などで予算承認側への提案が行われるが，予算承認側は一切のガイドラインや指針を出さない点である。ここで，予算承認側は，作り笑いをして要求を聞いているようなメッセージを発信するので，ジャック・ウェルチは作り笑いアプローチと称している。すべての事業実行部隊からの提案を受けて，予算承認側は実際に該当事業から獲得できる収益を一方的に確定させる。そして，二度と交渉余地のない形で最終決定としての予算を通知す

る。予算承認側がすべての状況を把握しているとしても，この方式の問題点は，予算決定プロセスを密室で行い判断の基準を示さないことである。事業実行部隊は，提案はまったく意味のなかったものとして無視された感情すら覚える。納得感のない数字は一人歩きして，ボトムアップで算定された数字以上を達成するための施策はまったく検討されず，さらに，失望感は従来達成できるレベルまでの到達も阻止する可能性すらある。ここでも，「予算」という管理会計のツールが事業実行部隊のモチベーションや活力を殺ぐ要素として機能してしまう。ジャック・ウェルチは，予算設定プロセスは成長のためのあらゆる可能性を見つけ出して，夢を最大化した計画であるべきとし，昨年以上の業績改善と競合との競争へ勝利する施策が予算設定プロセスの中心となるべき検討課題であるとした。

　予算設定プロセスは，元来戦略の積み上げと伝達機能を持っており，モチベーション向上や戦略優位性の確認など組織を強化することを目指しているにもかかわらず，負の要因に引きずり込んでしまう原因は報酬制度との連携です。成果主義報酬制度においては，財務的目標値の達成を重要な要素としており，財務目標の未達成は短期の報酬が減るだけではなく将来のビジネス・キャリアをも失いかねない重要な項目とされます。

　優秀なビジネスマンで財務目標への執着心が向上すればするほど，低い財務目標の設定に注力するのは当然です。これが限度を超えると，「いかに競合より優れた戦略を設定できるか」よりも「いかに予算承認側にできる限り低い財務目標を承認させることができるか」に重点が置かれます。ひいては，管理会計手法が企業にとって好ましくない方向を仕向けることに全精力を注いでいるような状況を作りだしてしまいます。ジャック・ウェルチは，旧来の予算設定の問題点を解消した好ましい目標値の設定は，ストレッチ概念であるとしました。

⑵　GEのストレッチ・コンセプトとGE・バリューによる人事評価

　GEでの予算機能で考慮すべき関連項目は，将来からの引き戻しアプローチ，ナンバー1および2コンセプト，そして，GE・バリューによる人事評価制度との効果的な結合です。

　「ストレッチ・コンセプト」が公式にGE外部へ発表されたのは1993年のGE

アニュアル・レポートにおいてです。ジャック・ウェルチはアニュアル・レ
ポートの位置づけを変化させて，GE戦略や戦略手法の伝達ツールとして改変
していましたが，この1993年版では，3つの経営原則として，

①　Boundaryless：あらゆる行動規範としての境界のない行動
②　Speed：いかなる場合にも，優先される行動規範
③　Stretch：あらゆる目標設定での考え方

を取り上げて，説明しています。

　そして，ストレッチ・コンセプトを「実現可能な達成手法を持たない状態で，
夢のようなビジネス目標を立てること」と規定しています。

　具体的な内容としてGEの在庫回転率を例に挙げて説明しています。「当社が
在庫回転率を10回転とする目標を定めたとき，これを達成するための手がかり
などまったくありませんでした。しかし，現在この目標に近づきつつあります。
達成可能だと確信できるときが訪れれば，すぐさま次のストレッチ・ゴールを
立てるのです」。このように，ストレッチ・コンセプトは終わりのない継続的
な取り組みであることを説明しています。また，このストレッチ・コンセプト
の原型は，GEメディカルシステム事業部における日本のパートナーである横
河電機の「新幹線思考」からヒントを得たとされています。

　ストレッチ・コンセプトによれば，売上や利益計画に関する目標設定におい
て達成が可能な数値目標だと追加的な施策やアクションを検討しません。絶対
に達成できそうもない数字を目標にして掲げられた時に初めて，アウト・オ
ブ・ボックス・シンキングの概念で，チームでも話し合いが始まります。結果
的にチーム全員で頭を振り絞ってビジネスモデルを構築していくことになりま
す。

　ジャック・ウェルチは，ストレッチ・コンセプトが成功するための重要な項
目として，各従業員と組織の報酬を決して予算達成度で評価しないこととして
います。財務目標への理解力と執着心がビジネスリーダーの最低条件である
GEにおいて，通常では達成できない目標に対して人々が勇気を持って挑戦す
る方向に向かわせる要素は，人事評価制度と重要な関連性があります。

　GEで行われているGE・バリュー評価軸は，財務業績の達成度にはリンクし
ない指標です。一方，業績評価については正に予算での達成度が評価されます
が，最終的な人事評価はこの2軸の総合評価です。そして，最も重要なことは
業績未達成でGE・バリュー評価が高いタイプには「次にチャンスが与えられ

る」が，業績達成でGE・バリュー評価が低い人には，GE・バリュー改善指導が行われ，最終的には「GEにはいらない人材」としての烙印が押される点です。

　この人事評価手法だけでは，その優位性の判定は難しいのですが，ストレッチ・コンセプトと結合することにより効果が高まります。また，この人事評価制度なしでストレッチ・コンセプトを導入しても，事業執行側からすると通常では達成できない目標を設定することは自殺行為か，財務目標にまったくの無関心となるかのどちらかです。また，一般的にはストレッチ・ゴールを設定されると萎縮してしまって，従来であれば十分達成できる目標すら逃してしまうリスクの方が高くなります。

　ストレッチ・ゴールが未達成でも，次にチャンスが与えられるセーフティネットがなければ，どんなに野心家のビジネスリーダーでも自ら危険を冒すような行動はとりません。

　財務目標に執着できる人事やその育成，外部要因や戦略と合致した目標（予算）の設定手法（ストレッチ予算），チャレンジする人材を優遇する人事評価制度のすべてが有機的に結合しなければ，この予算制度は成功裏に導入することができないでしょう。

［Ⅲ］戦略と管理会計の一本化に向けて

　本項では，戦略と管理会計の関係について考える。管理会計の目的は戦略の実行にあると言われる。しかし，戦略は常に所与のものなのだろうか？

　前掲**図表10-3**（170ページ）を参照いただきたい。ここでご注目いただきたいのは以下の２つである。

　まず，**図表10-3**の右側にある「業績を評価し，報酬を与える」と名付けられた箱から図の上部にある「目標および業績指標を設定する」と名付けられた箱へつながる太い矢印である。これは戦略が必ずしも所与のものではなく，戦略を実行する過程で既存の戦略が修正され，新しい戦略が創られる可能性を示している。

　次に，ご注目いただきたいのが，サイクルの中央に位置する「振り返る，学習する」という箱である。これは戦略を実行する過程で，組織が戦略の実行に関する学習だけでなく，戦略の内容そのものに関する学習が行われることを示している。組織論の研究者であるアージリスとシェーンは，この種の学習を「ダブル・ループ型（double loop）」の学習と命名している。

　戦略と管理会計の関係を考える際に留意しなくてはならないのは，マネジメントコントロール・システムには戦略の実行を支援するだけでなく，戦略の修正および新しい戦略の形成を支援する役割があることである。ここでは，既存戦略の修正および新しい戦略の形成に，マネジメントコントロール・システムがいかに貢献すべきかを考える。まず，２人の著名な戦略論の研究者が戦略をいかに捉えているかを紹介する。

1　バーゲルマンの戦略論

　スタンフォード大学の著名な戦略論の研究者であるロバート・バーゲルマンは，企業内部における戦略形成プロセスに焦点を当てている。インテルのグローブとともに技術戦略論を十数年にわたりスタンフォード大学で教えてきた。教材としてまとめられた事例研究は，筆者が日本語版の翻訳に関わった『インテルの戦略』として出版された。

　バーゲルマンは，戦略が形成されるプロセスを「トップ主導の戦略形成プロセス（Induced Strategy Process）」と「現場主導の戦略形成プロセス（Autonomous Strategy Process)」の 2 つに分類している。戦略形成プロセスの理論と実践の橋渡しとして,「戦略形成に関する進化論的考察のレンズ」と題するフレームワークを 3 つの視点でまとめた。このフレームワークを複合的に適用することで,インテルにおける戦略形成プロセスの役割を分析している。フレームワークは,「視点 I：企業発展のダイナミクス」,「視点 II：戦略形成プロセスの進化論的枠組み」,「視点 III：新規事業のプロセス」の 3 つから構成されている。ここでは「視点 I：企業発展のダイナミクス」と名付けられたフレームワークを紹介する。

図表10-8 のとおり,本フレームワークは,戦略形成プロセスを 5 つの要因の相互作用として捉えている。「業界における競争要因」は,ポーターの 5 つの競争要因のフレームワークである。企業の外部条件として機会（opportunities）と脅威（Threats）を分析している。「企業の独自能力」は,企業の組織能力をベースに企業の内部条件としての強み（Strengths）と弱み（Weaknesses）である。静態的な戦略分析はこの 2 つの要因を分析し,いわゆるSWOT分析と呼ばれる。

バーゲルマンは,この静態的な戦略分析に,「公式の企業戦略」と「現場に

図表10-8 ■ ラバーバンド・モデル

出典：Burgelman（2006）をもとに石橋作成。

おける戦略行動」という動態的な要因を加えた。「公式の企業戦略」とは，本社レベルで経営陣が企業の公式な戦略としてコミュニケートしている所与の戦略である。「現場における戦略行動」とは，事業部レベルで現場が所与の戦略に対してどう動いているかである。この2つの要因が作用しあって戦略が形成され実現される。

　バーゲルマンは，このフレームワークを「ラバーバンド・モデル」と呼んでいる。4つの要因がラバーバンドでつながっており，動的（ダイナミック）に引っ張り合う。この引っ張り合いの中心で4つの要因をまとめるのが「内部淘汰環境」である。「内部淘汰環境」には，企業文化や資源配分プロセスが含まれる。

　バーゲルマンのフレームワークは，企業内部の戦略形成プロセスが「トップ主導の戦略形成プロセス」と「現場主導の戦略形成プロセス」の2つの全く異なるプロセスから成り立っていることを示している。バーゲルマンは『インテルの戦略』の中で，インテルのメモリー企業からマイクロプロセッサー企業への戦略転換の事例を本フレームワークに沿って分析している。

2　ミンツバーグの戦略論

　もう1人の戦略論の著名な研究者であるヘンリー・ミンツバーグは，著書の『戦略サファリ』において，戦略には「意図されたプランとしての戦略」と「実現されたパターンとしての戦略」の2種類があることを紹介している。トップが実現されることを意図した戦略を「意図した戦略」と呼び，それは実現に向けて「計画的戦略」となる。他方，「創発的戦略」は最初からトップが明確に意図したものではなく，現場の行動の1つひとつが集積され，その都度学習する過程で作られる戦略である。

　バーゲルマンとミンツバーグの2人の戦略論に共通しているのは，戦略には2つの側面があるということである。戦略に対する管理会計の主な役割は，トップ主導の戦略形成プロセスもしくは計画的戦略に関して，トップが意図する戦略を計画どおりに実行することにある。しかし，現場主導の戦略形成プロセスもしくは創発的戦略に関して，FP&Aはどのような役割を果たすべきなのだろうか。

　多くの管理会計の教科書において，管理会計の適用対象は，「トップ主導の戦略形成プロセス」である。管理会計を「現場主導の戦略形成プロセス」を対

象に適用するための議論はほとんどされていない。「トップ主導の戦略形成プロセス」と「現場主導の戦略形成プロセス」の両方を支援することが，管理会計の実践者であるFP&Aの使命なのではないだろうか。

3　サイモンズの診断型コントロールシステムと対話型コントロールシステム

　ミンツバーグの指導で博士号を取得し，ハーバード大学大学院で管理会計を研究しているロバート・サイモンズは，4つのコントロール・レバーというフレームワークを提唱している。サイモンズの著書，『4つのコントロール・レバー』（Simons, 1995）から，創発的戦略を支援するために必要な管理会計の仕組み，「対話型コントロールシステム（interactive control system）」という概念を紹介する。

　サイモンズは，意図された戦略を計画どおりに実行するためのコントロールシステムを，「診断型コントロールシステム」と名付けている。その要件は，①当初に意図した戦略をトップダウンで下位目標に明示的に結びつけ，資源と行動計画を調整すること，②組織目標を達成するための動機づけを提供すること，③事業とマネージャーを評価する基礎として役立てること，④修正行動のためのベンチマークを提供することの4つである。

　サイモンズは「診断型コントロールシステム」に対置する形で，創発的戦略の実現を支援するためのコントロールシステムを，「対話型コントロールシステム」と名付けている。著書の中で創発的戦略が実現した事例として，インテルのメモリー企業からマイクロプロセッサー企業への戦略転換を挙げている。

　対話型コントロールシステムを使うことにより，皆が何に関心を向けるべきかを明確にすることができ，トップが関心を示す情報を明示することにより，部下との継続的な対話が可能になるとしている。サイモンズはSimons（1995）において，1つのコントロールシステムを選び，以下の方法で対話型コントロールシステムとして使うことを提案している。

　　「データを使って部下のアクション・プランに疑問をぶつけ，急な環境変化にも対応することを強要する。新たなデータをトップに報告するたびに，どんな質問か想像がつくので，部下は質問への回答を考え，環境変化に対応するアクション・プラン提案のためのデータ収集に精を出す。新しい情

報が分析される過程で，組織のあらゆるところで双方向の議論や対話が行われる。」

「議論と対話を繰り返すことによって，仕事の進め方，価値提案の内容，事業戦略そのものを変える必要性が明らかになる。議論や対話は組織の学習を促し，戦略に変化をもたらす。」

「対話型コントロールシステムにおける議論は常に，実務を遂行するマネジャーを交えた直接対話である。会議では皆でアイデアを出し合い，あらゆるデータを用いて総合的に環境変化を捉える。ここでの議論は，新しい情報，仮説，アクション・プランに終始する。」

「コントロール・システムを対話型に用いる環境は，上層部が定期的かつ継続的に関心を示すことにより容易に作り出される。たとえば，経営陣が部下との直接対話において，事業の予期せぬ変化や対応策についての説明を求めると，組織のトップから下部へとプレッシャーが向かう。これに反応するように，いくつかの会議を経て，新たな情報や学習効果が組織の下部から上層部へと伝わっていく。」

「対話型コントロールシステムを使って戦略の不確実性に関心を集めることで，新たな機会発掘を導き，従業員の実験心と素早い反応を促し，無秩序なプロセスをうまく統制することができる。議論と対話によって，戦略が生まれ変わる。」

　サイモンズはSimons（1995）の中で，対話型コントロールシステムを実現することにより，計画作成とコントロールの伝統的な関係を逆転させることができると論じている。伝統的な視点では，計画作成プロセスにおいて戦略が形成され，コントロールプロセスにおいて戦略が実行されると考えられていた。新しい視点では，コントロールプロセスにおいて戦略が形成され，計画作成プロセスにおいて戦略が実行される。言い換えれば，対話型コントロールシステムの実施から創発的な戦略が形成され，創発的な戦略を実行するために戦略計画が作成されるのである。

　さて，ここまでご紹介したサイモンズの対話型コントロールシステムは，実際にはどのように実現できるのか？　サイモンズは著書の中で興味深い事例を挙げている。対話型コントロールシステムが創発的な戦略の形成をもたらした例として，ITTのハロルド・ジェニーン（147ページ参照）の事例を挙げているのである。ITTにおける経営者としてのジェニーンの事例を紹介する。

4　ハロルド・ジェニーンの月次会議

　ハロルド・ジェニーンがITTにおいて成功した背景には，ジェニーンが経営者として果たした大変にユニークな役割があった。それはジェニーンの月次会議に対する取り組みだった。サイモンズの枠組みに従えば，ジェニーンはITTの対話型コントロールシステムの中心にいた。ジェニーンはITTで経営者になる前に複数の会社でCFOおよびコントローラーとして月次会議に取り組んだ。ITTにおける月次会議に対するジェニーンの取り組みを紹介する。

　レイセオンの副社長として成功したジェニーンは，1958年，48歳の時にITTに社長として転職した。ジェニーンは，ITTで勤務したほぼ20年間，毎月ベルギーのブリュッセルで1週間，米国ニューヨークで1週間，月に2週間の月次会議を持った。そこには，本社の幹部40名と250のITT子会社の全部の代表取締役が参加した。情報技術の発達した現代において，ジェニーンが月次会議に費やした時間や労力，そしてコストの無駄を批判することは容易である。しかし，ジェニーンが20年間にわたって月次会議を持ち続けたことには，ジェニーンの経営者としての経営哲学があった。ジェニーンは著書のジェニーン（1984）で以下のように説明する。

　　　「私の考えでは，楽しい繁栄の雰囲気をつくるのに最も重要な要素は，経営組織の上下を通じて，開放的で自由で率直なコミュニケーションを定着させることである。」

　　　「われわれの頻繁な会議の背後にあったのは，その考えだった。ゼネラル・マネジャー会議，予算検討会議，問題解決のための会議，特別会議。どのマネジャーも本社のトップマネジメントに直接に意思を通じることができた。われわれは階層に関係なく誰もが直接に意見を述べ合い，いかな

る状況に関しても現実の事実に基づいて検討が行われるように，全員を一堂に集めることによって経営階層の間の隔てを取り払った。」

「しかし，それだけではまだ事実の皮相を述べたに過ぎない。その下には，お互いに，いつでも率直な意見を述べる義務があるという明確な了解があった。人々は私にでも，他の誰にでも反対することができた。彼らは私でも他の誰でも批判することができ，誰もその結果として迫害されることはなかった。批判を歓迎しようと私も努力した。会議での応酬そのものよりも重要だったのは，そうした会議で他の人々がそれを見ていて，誰でも思っていることを口に出してボスに反対することができ，それがちゃんと聞かれるということが会社中に知れ渡ることだった。」

「批判に対して開放的であることには，通例，予期せぬ配当がついてくる。人々はまた，自由に私なり他の誰なりのところへやってきて助けを求め，その場合もまた地位や格を下げられる恐れなしに，それを受けることができた。われわれ全員は1つの目標に向かって力漕している，同じ救命艇の乗り合い仲間なのだった。それがわれわれの根底にある哲学だった。」

　サイモンズはSimons（1995）の中で，ITTの対話型コントロールシステムの代表例として，ITTにおけるジェニーンの月次会議への取り組みを以下のとおり，引用している。ジェニーンはITTの「対話型コントロールシステムの設計者であり，運営者」であった。

「（月次会議において）われわれはしゃべり，議論し，問題を解決し，新しいアイデアにたどりついた。肝心なのは，誰も発言することを恐れないことだった。そこには新しい事実，新しい発明，新しい選択を発見することへの熱情があった。アイデアと事実と提案との，その沸騰する大釜から，みんながその部屋に入ってきた時には誰の頭にもなかった答えが飛び出した。各自の代表する会社の大きさにも，年功序列にも，給料の多少にもかかわりなく，そこにいる全員は原則として対等だった。」

「われわれは仲間の見解に耳を傾けることによって，市場や世界経済や貿

易や国際法やエンジニアリングや，そしてもちろん企業経営の技術に関する知識を深めた。そればかりか，われわれ全員は1人のチームだった。その結果として，働くシンクタンク，経営に関する問題を解く機械装置のような機構となった。われわれは互いに仲間から学び，助けられるばかりではなく，また問題を直接的に，スピーディーに処理できるようになったばかりでなく，会議はしばしば活力と熱中で充電され，時には激しい興奮のるつぼとなることもあった。誰の報告予定にもなかった新しいアイデアを出し合うことによって，新しい製品，新しいベンチャー，物事をやる新しい方法に逢着した。」

　お伝えしたいのは，月次会議は計画された戦略を実現するための場であるとともに，創発的戦略が生まれる場にもなり得るということである。月次会議を「診断型コントロールシステム」としてだけではなく，「対話型コントロールシステム」としても活用するべきである。CFOはCEOと共同して，月次会議が「診断型コントロールシステム」と「対話型コントロールシステム」の両方の機能を果たすように，月次会議を設計し，運用するべきである。

エピローグ

プロフェッションとしての CFOとFP&A

［Ⅰ］ CFOとFP&Aプロフェッションの キャリア構築とMBA

　CFOへのキャリアルートにおける，FP&A人財の育成にあたっては，OJTがベストの教育方法である。FP&Aにとって事業責任者からの信頼を得るためには，ヒューマン・スキルが最も大切となることは言うまでもない。経理業務においてヒューマン・スキルが重視されていなかったので，経理マンは堅苦しく，話しかけにくい存在であったが，FP&Aはコミュニケーションから重要な情報を得る必要があるのでコミュニケーション能力や人間的な共鳴力を醸し出さなければならない。

　さらに，コンセプチュアル・スキルを磨く必要もある。事業における戦略を理解し，実行支援を行うためには，事業責任者と同程度に将来を見通す力や雑多な情報を整理して本質を見極める力を身につけなければならない。相対的に，テクニカル・スキルの重要性が落ちるが，会計知識よりも他部門とのコミュニケーション能力の方が重要であろう。

　しかし，経理・財務各部門は専門化されて，求められているスキルもより専門化されて，深化している。特にCFOの場合には幅広い知見が要求されているし，FP&Aでも担当事業分野の専門性も問われてくる。このような広い分野をOJTのみでカバーすることは不可能に近い。

　MBAは，コンセプチュアル・スキルと幅広いビジネススキルの習得を目指したプログラムを提供しており，外部での知識習得を目指すうえでMBAのプログラムは効果的である。幅広い分野を疑似体験し，かつ，経営戦略，マーケティング，サプライチェーン，技術，人的資源管理や組織管理を包括的に学ぶ

ことができる。また，経理・財務担当者であっても，会計やファイナンスのすべての分野を学習できているとは限らないので，MBAの会計・ファイナンスのプログラムを受講する意義は大きい。

さらに，MBAは経営者を養成することを目的としているので，会計報告書作成とは違う視点で会計のエッセンスを習得したり，経理・財務部門以外の受講生とともに学ぶことにより会計・財務分野の難所を理解したりすることにも役立つ。早稲田大学大学院ビジネススクール（WBS）の「CFOの役割と課題」や一橋大学大学院経営管理専攻金融戦略・経営財務プログラムの「CFOと企業価値」など，CFOやFP&Aプロフェッションのキャリア構築にフォーカスした科目を取り揃えているMBAもある。

［Ⅱ］ 会計士キャリアからのCFOとFP&A プロフェッション

CFOのバックグラウンドにはいくつかのパターンがある。歴史ある企業では，財務・経理の畑を極めた人がなる場合が多いと思われる。それ以外の場合，公認会計士などの会計系のプロフェッションからCFOとなるパターン，投資銀行などファイナンスの経験者からCFOとなるパターン，コンサルティングファームなどの戦略系からCFOとなるパターンなどがあり，それぞれ強みが異なる。ここでは，公認会計士をバックグラウンドとするCFOやFP&A人材のキャリアに関するお話をする。

1 会計専門職大学院とFP&Aプロフェッション

筆者（石橋）は，早稲田大学会計大学院と東北大学会計大学院の2つの会計専門職大学院で管理会計科目と企業財務科目を教えている。学生の多くは4年制大学を修了して社会に出る前に，公認会計士や税理士などの資格を取得することを目指している。修了後の進路として，監査法人・税理士法人へ進むケースも事業会社やコンサルティング会社へ進むケースもある。

実務家教員として学生に力を込めて伝えているのが，「FP&Aとは何か」ということである。本書で説明した「組織としてのFP&A」と「プロフェッションとしてのFP&A」である。キャリアの入り口でプロフェッションとしてのFP&Aを知ることが，学生の会計職業人としてのキャリア形成に役立つと考え

ている。

　FP&Aプロフェッション養成への取り組みとして進めているのが，担当している科目の内容を米国公認管理会計士（CMA：Certified Management Accountants）資格試験に対応させることである。CMA試験は管理会計と企業財務の両方にまたがる。年間30回の授業をCMA試験の内容に対応させている。両方の科目を米国ビジネススクールで使用されている教科書の原書を使用して教えている。CMA試験問題は米国において定評のある教科書をもとに作成されている。定評のある教科書を原書でじっくり読むことは，プロフェッションとしてのFP&Aの道を目指す学生にとって何物にも代えがたい学びになる。

　米国管理会計士協会（IMA：Institute of Management Accountants）は，管理会計プロフェッションの発展を目的とした米国を本部にグローバルに拠点を持つ職業人団体である。CMA資格を管轄しており，全世界の会計専門職大学院で学ぶ学生を対象に「CMAスカラーシップ」を用意している。1つの会計専門職大学院において毎年，10名までの学生がCMAスカラーシップを受けることができる。スカラーシップを得た学生は，CMA試験受験に関する費用やIMA学生会員としての会費が免除される。会計専門職大学院で学ぶ1人でも多くの学生が，CMAスカラーシップを利用して米国公認管理会計士（CMA）資格を取得し，プロフェッションとしてのFP&Aの道を進むことが望まれる。

2　公認会計士の資格取得のメリット

　筆者（大矢）が公認会計士資格をとったのはかなり前のことであるが，公認会計士の試験は合格するまでにある程度体系立って会計や税務，会社法の勉強を行う必要がある。習得すべき会計，税務，法律の知識はそれなりに学問的なところも多く，まとまった時間を資格の勉強に充てることでプロとしての入り口に立つことができる。会計士の受験者数や合格者数は10年単位で見ると波があるが，ここ3年程度は1,000名超の合格者で，受験者数も増加傾向にある。大手監査法人をはじめとして人手不足の傾向にあり，この傾向は当面続くものと思われる。

3　公認会計士のキャリア

　公認会計士の試験に合格すると，多くの場合は監査法人に就職する。ビック3というトーマツ，あずさ，新日本の監査法人は，日本の大多数の上場企業の

監査を担当している。個人的には会計士としてのキャリアは監査法人から始めることを勧めたい。大手監査法人は1970年ごろに発足した会計事務所が合併を繰り返して巨大な法人に集約されて今に至っている。圧倒的に上場企業監査の経験も豊富で，優秀なタックス部門やコンサルティング部門も抱えている。

また，いずれも海外のビック4というグローバルなアカウンティングファームのグループとなっており，ノウハウは中堅中小の事務所とは桁が違う。筆者は監査法人に入ったころ，自分は企業経営者になるということは思っていなかったが，通常の企業でコーポレートラダーを登っていくのに比べると非常に速いスピードでハイレベルな会計に関する経験を習得できたと思っている。

会計監査の仕事は，企業の財務諸表について適正に作成・表示されているかを監査することである。具体的には，勘定科目ごとに定められた監査手続に沿ってチェックを行う。結論としては，その勘定の残高なり取引高が「妥当」かどうかを判定する。監査は限られた時間と工数の中で行うため，すべての取引をチェックするわけにはいかない。監査技術を駆使して大まかに会社の状態を表す数値として妥当性があるかを結論づける。積み上げて数値を作るというよりは，異常な数値を発見するのが仕事となる。なので，数値の背景にある意味合いや会社や事業のコンディションと比較してどうかというのを見ていく。数値を俯瞰してみるアプローチは，その後，経営に携わるようになっても生きるスキルで，正確性よりも大枠の数値の意味を捉える習慣がこの時期にできたと思う。

監査はチームで行う。そして，クライアントで対応してくれるのは，多くは経理の部門の方々である。若くして経理の責任者の方々とお話する機会に恵まれる。今から思えば，資格だけあって社会経験も企業での仕事の経験もないわけなので，的を射ない質問をたくさんしていたと思う。仕事をしながらも，実際はクライアントの方々に育てられていたと感じている。

もう1つの特徴として，監査法人の組織について触れておきたい。監査法人に限らず，多くのプロフェッションファームの組織も同様かもしれないが，監査法人はクライアントごとにプロジェクトチームで動く。いわゆる直属の上司や部下というのはおらず，クライアントごとに違うメンバーで仕事する。このため，通常の会社組織にあるようなヒエラルキーについて，少なくとも自分が経験したマネージャークラスまでは意識をすることがない。後に一般的な会社に入って最初は戸惑うことになるが，20代の若い時期に組織的なストレスをあ

まり感じることなく，自分の実力を磨き込むことができたのは，今となっては非常に良かったと思える。優秀であっても組織の力学によって発揮できないことが，特に日本の大企業ではあると思うが，そうしたことは一切なかった。

　監査法人には多くの会計士が入ってくるが，その後の道はさまざまである。そのまま監査法人でパートナーに昇進していく人，畑を変えてコンサルティングや税務に進む人，会計事務所として独立開業する人，会計スキルを武器に事業会社や投資会社，投資銀行に転じる人と，さまざまである。実際はパートナーで残る人はごくわずかである。その中で筆者は今ではあまり珍しくないものの，企業内会計士という道を選んだ。独立開業という道も考えなくはなかったが，よりスケールの大きな仕事がしたいと思い，また，より事業の当事者の立場になりたかったというのがあった。当時はインターネット産業が大きく伸びていた時で，その中でもソフトバンクは存在感を示していた。無意識ではあるものの，これから成長する産業の中に身をおいたことは，その後の人生に大きく影響したと思う。

4　企業内公認会計士

　筆者は監査法人を辞めた後，ソフトバンク系のベンチャー投資を行う会社に入った。投資会社といってもまだ設立して3カ月程度で，50名くらいの小さな会社で，まさにベンチャー企業への転職であった。そこで最初はベンチャーファンドの企画や組成，そしてベンチャーファンドの管理の仕組みの構築と運用，後半は投資先のCFOとして派遣されるという経験を積んだ。会社にいたのは3年半程度であるが，非常にダイナミックな経験であった。企業内で活躍する会計士は多いが，自分がCFOとしてのキャリアを築くにあたって有効だったと思う点を抽出してみよう。

　まずはベンチャー企業に入ったことである。これはさまざまな意味を持つが，まだ仕組みが未成熟なベンチャー企業に入ると，自分の力でさまざまなことを決めて構築しなければならない。監査法人出身の人間の弱みとしては，監査という立場上，現状に対して批判的に意見を述べることになる。裏を返すと，自分で仕組みであれ数値であれ，作る経験は得られない。このフェーズはそれほど長くなくてもよいが，自分で数値や管理の仕組みを作るという経験と自信は必要だと思う。

　また，ベンチャー企業は1人に任される領域が広い。監査法人出身者からす

ると，これは大きな魅力である。あまり組織というものを意識せずに仕事をすることに慣れているため，あまりに細分化された仕事を組織的に行うというのは正直慣れていない。また，組織のヒエラルキーがあまりに強い会社も同様にやりづらさがある。意識をしてベンチャー企業に入ったわけではなかったが，監査法人からの転職としてベンチャー企業に行くのはCFOを目指す上では有効だと思う。

　次にスキル面の話としては，監査法人の仕事は財務会計の世界の話が当然多いが，CFOはファイナンスや管理会計の仕事も多い。投資会社でファイナンスや投資案件の見方が体系的に学べたのは良い経験であった。投資案件やM&Aをやっていくためには，会計だけではなく，税務や法律面の知識もフル活用しなければならない。また，何より事業や市場の見立て方について自分なりに物差しを持つ必要がある。投資の当事者として仕事をすると，こうしたスキルはいやが応にも身に付くことになる。

5　経営の経験

　ソフトバンク系の投資会社に3年半ほど勤務し，次にヤフーに転職した。より事業の当事者で仕事をしたいと思ったのが理由である。ヤフーではCFOになる前にいくつかの経験をしたが，特筆すべきことを紹介しよう。

　ヤフーは筆者が入社した当時でも1,000名程度の社員がおり，ベンチャーの気風は残りつつも規模的には大企業であった。こうした組織で働く場合，組織の中で何をやるかは大変重要である。企業内会計士といった場合，経営企画，経理，内部監査などいくつかの仕事の幅がある。

　筆者はどれも経験したが，CFOになるという視点で言えば経営企画の仕事を経験するのは重要だと思った。もちろん，専門家として極める場合にはそれぞれ適した部門で仕事をすることが必要である。元々自分には経理をやっていく志向はなく，早いうちから経営に携わりたいという意思を持っていたため，経営者の近くで仕事をするというのを早くから経験できてよかった。

　ベンチャー企業では，それほどどこの垣根も高くないが，一般企業での仕事の場合は垣根が高く，希望が通らないと自分の望むような経験はできない場合もあるし，年齢が若いと経営に近い仕事をするのは難しい場合もある。実際に経験してみて思うのは，もちろん基礎的なスキルの習得は大切なことであるが，経営経験というのは早くからした方が良い。30歳前後になったら，できるだけ

早くというのが持論である。最初は経営企画，次は子会社なり投資先のCFOという経験が何より大切だと思う。

6　CFOとFP&Aプロフェッションの人材育成

　次に実際にCFOを経験し，CFOとして行った人材育成の方針についてお話ししたい。事業部長がCEOだとした場合，FP&AのヘッドであるコントローラーはCFOとなる。FP&Aで一流の人材になっていくためには，事業についての深い理解と，成長させていくための戦略について経営資源の調達，配分などに具体的に落とし込みができるなどの経営者感覚が必要である。当然ながら財務的アプローチを用いて仕事をするので，ファイナンススキルも重要である。スキル以外の面でも，事業部長や経営幹部との調整などでコミュニケーターとしての役割も重要だ。

　こうした人材を育成するのは難しいが，どうすればよいか？　同じ業界の経験者を雇うというのは，まずある。一番即効性がある。実際は育成が難しいため，特にシニアポジションについては有効に機能する。

　次に内部で育成する場合は，2つのパターンがある。事業サイドで企画などをやっている人で，数値に強いなどのファイナンスの素養がある人を見出して登用・教育していくパターンが1つ目，主に財務・経理の部門にいる人で事業的センスがある人を見出して登用・育成していくパターンが2つ目である。筆者は2つ目のパターンで，後からビジネスを学んだ。いずれも可能かと思うが，最終的にFP&Aの経験を経てCFOという育成を仕掛けていくのであれば，PLの知識だけでなくファイナンスの深い理解が必要となるので，1つ目のパターンの人材には集中的な教育が必要となる。

　事業部の事業部長をサポートする人材がいて，財務のみならず広報や人事的なこともやっていることは多いと思われる。そうしたところを母体にして，採用や登用で組織的なレベルを引き上げていくのが現実的かと思う。

　グループ会社が存在する場合，将来を期待する人材にグループ会社のCFOを任命するのが良い。いち早く視座を経営レベルに引き上げることができる。グループ会社のCFOの場合，それほど潤沢に管理部門の人材がいるわけではないので，多くの場合は経営企画機能や人事機能を含むコーポレート業務全般を担当する。また，CFOとなれば，「管理本部長」としてのみならず，「経営陣の一員」としての役割が求められる。本社のCFO候補となるような人材は，

まずはグループ会社で疑似体験をさせるのが必要と思われる。

　また，前述のように，FP&A，CFOの候補人材についてはコーポレート側に籍をプールしておくことを勧める。事業側に張りついてしまうと，思うようなキャリアのデザインができず，本人たちにとっても不幸である。純粋なコーポレートでの財務の仕事を含め，数年単位でローテーションして多様な経験を積ませていくと良い人材が育つ。

［Ⅲ］ グローバル企業で評価されるFP&A資格

　FP&Aプロフェッションに関して，主要な職業人団体と職業人団体によって認定されているグローバル資格を紹介する。いずれも日本で取得可能な資格である。

1　IMAが認定するCMA資格とCSCA資格

　IMA（Institute of Management Accountants）は，管理会計プロフェッションの発展に特化した，米国最大の職業人団体の1つであり，2019年に100周年を迎えた。IMAは研究，CMA（Certified Management Accountants）プログラム，継続教育，ネットワーキング，職業倫理啓蒙などの分野で，管理会計プロフェッションをグローバルに支援している。IMAは本部を米国ニュージャージー州モントベールに置き，140カ国に100,000名を超える会員を擁し，300を超える数の支部がある。

　IMAは管理会計プロフェッションを支援するために，CMAとCSCA（Certified Strategy & Competitive Analysis）の2つの資格試験を行っている。2つの資格の位置づけは，CMAが管理会計士の資格試験の中心にあり，CSCAはCMA資格取得者が継続教育の一環として資格取得することが推奨されている。

　最初に，CMA資格に関して紹介する。CMA資格を取得するには，①教育要件を満たし，②実務経験要件を満たし，③2つの試験に合格する，という3つの条件を満たすことが必要である。教育要件は，4年制大学学部レベルの学位（学部は問わない）を取得するか，指定されているファイナンス関連資格を取得するかのどちらかが必要である。教育要件は試験を受ける前に満たす必要がある。実務経験要件としては，管理会計（Management Accounting）か企業財務（Financial Management）に関連した2年間の継続した実務経験が必要である。

実務経験要件は試験合格後7年以内に満たす必要がある。実務経験には，FP&A関連業務，予算関連業務，予測作成，投資意思決定に関する業務，原価計算，リスク管理，財務諸表の作成，決算業務，監査業務が含まれる。

　2つの試験は，Financial Planning, Performance, and Analyticsに関するパート1とStrategic Financial Managementに関するパート2から構成されている。パート1は4時間の試験で，外部財務報告（15%），計画・予算・予測（20%），業績管理（20%），コスト管理（15%），内部統制（15%），テクノロジーおよびアナリティクス（15%）の6つの能力から出題される。パート2は4時間の試験で，財務諸表分析（20%），企業財務（20%），意思決定に関する分析（25%），リスク管理（10%），投資意思決定（10%），職業倫理（15%）の6つの能力から出題される。

　次に，CSCA資格に関して紹介する。CSCAはCMA資格取得者による継続教育の一環として設けられた。CMA資格取得者の戦略に関する知識とスキルを強化することを目的としている。CSCA資格を取得するには，①CMA資格を保有し，②試験に合格する，という2つの条件を満たすことが必要である。試験時間は3時間で，戦略計画プロセス，外部環境調査および内部分析，事業部および職能部門における競争優位，企業戦略と持続的な競争優位，戦略実行と業績管理の5つの分野から出題される。

2　CIMAとAICPAが認定するCGMA資格

　CIMA（Chartered Institute of Management Accountants）は，英国の管理会計士の職業人団体である。CIMAは管理会計士をグローバルに支援しており，179カ国に227,000名を超える会員を擁している。2012年に英国のCIMAと米国の公認会計士の職業人団体であるAICPA（American Institute of Certified Public Accountants）が合弁し，管理会計プロフェッションのさらなる発展を目的としてCGMA（Chartered Global Management Accounting）資格の認定を開始した。

　CGMA資格を取得するには，①教育要件を満たし，②実務経験要件を満たし，③3つの試験に合格する，という3つの条件を満たすことが必要である。教育要件は，原則，4年制大学学部レベルでビジネスもしくは会計関連の学位を取得することが必要である。試験を受ける前に教育要件を満たす必要がある。実務経験要件としては，3年間の管理会計に関連した実務経験が必要である。

　3つの試験はそれぞれが，Enterprise Pillar, Performance Pillar, および

Financial Pillarと名付けられた3本の柱から構成されている。Enterprise
Pillarは，戦略形成と戦略実行を扱う。具体的には，変革対応（Change Manage-
ment），プロジェクト管理，利害関係者との関係の管理が含まれる。Performance
Pillarは，戦略実行に必要な管理会計やリスク管理を扱う。具体的には，価格
設定や設備投資などの意思決定に必要なコストに関する知識が含まれる。
Financial Pillarは，財務会計や財務報告を扱う。財務諸表分析や初歩の税務知
識が含まれる。3つの試験は，業務レベル，管理者レベル，戦略レベルの3段
階で構成されている。3番目の戦略レベルは，3時間の試験で，3題から5題
のケース・スタディに関する問題が出題される。教育要件と実務経験要件を満
たし，戦略レベルの試験に合格すると，CGMA資格が認定される。

3 AFPが認定するCertified Corporate FP&A Professional資格

　AFP（Association for Financial Professionals）は，16,000名を超える財務プロ
フェッションおよびFP&Aプロフェッションの成功を目的とする米国の職業人
団体である。AFPは毎年，7,000名のファイナンス職業人が出席する最大規模
のカンファレンスを開催している。AFPは1986年にCTP（Certified Treasury
Professional）という財務（トレジャリー）分野の職業人向けの資格認定プログ
ラムを開始した。2014年に新たに，Certified Corporate FP&A Professionalと
呼ばれるFP&Aプロフェッション向けの資格認定プログラムを立ち上げた。
IMAのCMA資格やCIMAとAICPAのCGMA資格が会計職業人もしくは管理会
計プロフェッションを対象とする資格であるのに対して，Certified Corporate
FP&A Professional資格は会計職業人であることを前提とせず，独立したプロ
フェッションとしてのFP&Aプロフェッションを対象としている。

　Certified Corporate FP&A Professional資格を取得するには，①教育要件を
満たし，②実務経験要件を満たし，③2つの試験に合格する，という3つの条
件を満たすことが必要である。教育要件は，4年制大学学部レベルか大学院修
士レベルで，会計学，ファイナンス，経済学，ビジネス分野の学位を取得する
か，指定されているファイナンス関連資格を取得するかのどちらかが必要であ
る。教育要件は試験を受ける前に満たす必要がある。実務経験要件としては，
原則，3年間のFP&Aに関連した実務経験が必要である。実務経験には，予算
管理，予測作成，財務モデル作成，経営企画，事業管理，財務分析が含まれる。

　2つの試験は，パートⅠとパートⅡから構成されている。パートⅠはファイナンス洞察力と題する3時間の試験で，①ビジネスとファイナンスに関する基礎概念，②システムとテクノロジー，③ビジネスパートナーの3分野で構成されている。ビジネスとファイナンスに関する基礎概念には，企業財務，戦略，財務会計，財務諸表分析，管理会計，マクロ環境分析，ミクロ経済学が含まれる。システムとテクノロジーには，ワークシートと関数，およびデータベース，ERP/GL，BIツール等の活用が含まれる。ビジネスパートナーには，FP&Aと情報，組織，業界，FP&Aプロジェクトの管理が含まれる。

　パートⅡは財務分析と事業支援と題する4時間30分の試験で，①財務分析と財務予測，②財務モデル，③ビジネスコミュニケーションの3分野で構成されている。財務分析と財務予測には，販売量と売上高の予測，財務諸表の予測，投資プロジェクト，顧客価値等の評価，リスク分析，情報の分析とフィードバックの提供が含まれる。財務モデルには，成果の特定と情報，情報の質の向上，データ，リスク，機会，計画の絞り込み，モデルの構築，感度分析とシナリオ分析，結論と提言の作成が含まれる。ビジネスコミュニケーションには，効果的なコミュニケーションが含まれる。

［Ⅳ］ FP&Aプロフェッション確立に向けた日本CFO協会の取り組み

　一般社団法人日本CFO協会は，日本企業の経理・財務をはじめとしたグローバルな経営管理手法と倫理の高度化を目的として発足した非営利団体で，IGTA（国際財務協会連盟），IAFEI（国際財務幹部協会連盟）への加盟が認められたわが国唯一の国際的財務教育機関である。「CFOを育て，日本における企業経営のグローバルスタンダードを確立する」をミッションに掲げ，2020年10月に創立20周年を迎える。

　経営・経理・財務分野で活躍するビジネスパーソンのスキル向上とキャリアアップを目的にさまざまな経営手法や経営技術に関する教育・サービスを提供することで，企業の財務パフォーマンスの向上を支援している。CFO育成に向けたCFO資格の認定をはじめ，経理・財務領域における人材育成の一環として，経済産業省経理・財務人材育成事業として「経理・財務スキル検定（FASS）」を実施している。現在，約6,000人の会員と200社を超える法人会員

が加盟している。

　日本CFO協会は，日本におけるプロフェッションとしてのFP&Aを確立するために，米国の職業人団体AFPと提携し，AFPの認定プログラム，「FP&A Essentials」をベースにした日本版FP&A認定プログラムを開発した。日本版FP&A認定プログラムの対象として，日本企業の経理・財務部門でキャリアを積む職業会計人だけではなく，日本企業の本社レベルの経営企画・人事企画部門および事業部レベルの事業企画・業務部門でキャリアを積む経営企画・事業企画プロフェッショナルを想定している。

　2019年11月に開催された「FP&Aフォーラム・ジャパン」には，AFPのPresident & CEOであるジェームス・A・ケイツ（James A. Kaitz）氏が登壇し，グローバル企業におけるFP&Aの役割を以下のように説明した。

　　「会計（アカウンティング）は『過去』を振り返り，財務（トレジャリー）は『現在』に焦点を当てる。FP&A（Financial Planning & Analysis）は何かと言えば，『将来』にフォーカスする。究極的に言えば，ビジネスの意思決定を改善していくことである。」

　日本CFO協会の取り組みが日本におけるFP&Aプロフェッション確立への大きな一歩になることを期待している。

≪参考文献≫

（和文文献）

赤松晃（2009）『国際課税の実務と理論　グローバル・エコノミーと租税法（第2版）』税務研究会出版局。

石川潔（2006）「経営企画部門の戦略的管理会計機能について」神戸大学大学院経営学研究科博士課程単位修得論文。

板越正彦（2017）『上司のすごいひと言』かんき出版。

伊丹敬之・田中一弘・加藤俊彦・中野誠（2007）『松下電器の経営改革』有斐閣。

伊藤克容（2007）『組織を活かす管理会計』生産性出版。

稲盛和夫（2008）『人を動かす』日本経済新聞社。

上西左大信（2010）『新しい「グループ法人税制」の仕組みと実務』税務研究会出版局。

大塚寿昭（2019）『CFOの履歴書』中央経済社。

大河原健（2007）『国際税務プランニングの実効アプローチ』中央経済社。

小原明（2001）『松下電器の企業内教育』文眞堂。

加護野忠男・野中郁次郎・榊原清則・奥村昭博（1983）『日米企業の経営比較』日本経済新聞社。

加護野忠男（1988）『組織認識論』千倉書房。

上總康行（1989）『アメリカ管理会計史』（上・下巻）同文舘。

上總康行（2016）「戦後日本管理会計の盛衰」『企業会計』第68巻第1号，pp.74-83。

片方善治（1988）『戦略は現場にあり　松下電器・谷井昭雄社長の経営』講談社。

片山修（2004）『なぜ松下は変われたか』祥伝社。

加登豊・石川潔・大浦啓輔・新井康平（2006）「わが国における経営企画部の調査報告」神戸大学ディスカッションペーパー　第30号。

加登豊・石川潔・大浦啓輔・新井康平（2007）「わが国の経営企画部の実態調査」『原価計算研究』第31巻第1号，pp.52-62。

金児昭編（2009）『一歩先行く会社の「経理・財務」部門と人材育成』税務研究会出版局。

川上徹也（2009）「『チーフ・フォーカス・オフィサー』それがCFOの役割だ」『危機突破の指標活用』日経ビジネス2009年3月30日号外Vol.005，日経BP社。

川上徹也（2012）『女房役の心得』日本経済新聞出版社。

木野親之（1999）『松下幸之助　叱られ問答』致知出版社。

木村和三郎（1953）「コントローラー制度適用の諸段階」『日本経営学会経営論集』1953年6月25日号，日本経営学会。

岸本光永・昆政彦・大田研一・田尾啓一（2015）『トレジャリー・マネジメント』中央経済社。

行天豊雄・田原沖志（2002）『CFO』ダイヤモンド社。

経営史学会編（2005）『外国経営史の基礎知識』有斐閣ブックス。

河野フランシス（2005）『ターン・オーバー　企業を再生させる逆転の経営システムIAC』講談社。

ケン・ウィルバー（2019）『インテグラル理論』日本能率協会マネジメントセンター。

昆政彦（2002）「企業価値向上のための経営管理システム―GEの経営管理システム」財団法

人企業研究会における講演会資料。

昆政彦（2006）「GEのファイナンス経営」『早稲田大学アジア太平洋研究紀要』12号。

昆政彦（2008）リポート「自らも成長し部下を育てなければ失格」『早稲田ビジネス・レビュー』2008年Vol.07，日経BP企画。

昆政彦（2008）「管理会計理論と実務的展開の考察」『早稲田大学アジア太平洋研究紀要』16号。

昆政彦（2011）『効果的な企業会計システムの研究』中央経済社。

桜井通晴編（1997）『わが国の経理・財務組織』税務経理協会。

ジェフ・イメルト（2007）「内部成長のリーダーシップ」『Diamondハーバード・ビジネス・レビュー』November 2007，ダイヤモンド社。

社会経済日本生産性本部（2004）『ミッション・経営理念』生産性出版。

ジャック・ウェルチ（2007）「シンプル，スピード，自信の経営」，『Diamondハーバード・ビジネス・レビュー』November 2007，ダイヤモンド社。

ジョン=スコット・仲田正義・長谷川治清（1993）『企業と管理の国際比較』中央経済社。

祖父江基史（2015）『若者よ，外資系はいいぞ』主婦の友社。

高橋荒太郎（1983）『語り継ぐ松下経営』PHP出版。

谷武幸（2013）『エッセンシャル管理会計（第3版）』中央経済社。

玉澤健児（2012）「税務部門は戦略部門か」『CFO FORUM』March 2012，p.8-12，日本CFO協会。

西山茂編・岸本光永・大田研一・昆政彦・中西哲（2013）『キャッシュマネジメント入門』東洋経済新報社。

日本バイアウト研究所（2012）『プロフェッショナル経営者とバイアウト』中央経済社。

野中郁次郎・竹内弘高・梅本勝博訳（1996）『知識創造企業』東洋経済新報社。

野中郁次郎・紺野登（1999）『知識経営のすすめ』ちくま新書。

野中郁次郎・勝見明（2004）『イノベーションの本質』日経BP。

野中郁次郎・紺野登（2007）『美徳の経営』NTT出版。

野中郁次郎・山口一郎（2019）『直観の経営』KADOKAWA。

長谷川洋三（2000）『ウェルチが日本を変える』講談社。

秦一徳（1982）『全員経営のバゼットシステム』ダイヤモンド社。

樋野正二（1982）『不況になぜ強いか「松下経理大学」の本』実業之日本社。

廣本敏郎（1993）『米国管理会計論発達史』森山書店。

福田満輝（1977）『経営労働論研究』ミネルヴァ書房。

藤田純孝（2015）『CFOの挑戦』ダイヤモンド社。

古川栄一（1951）「企業における内部統制について―内部統制の大綱の説明」『産業経理』1951年Vol.11，産業経理協会。

古川栄一（1953）「財務管理とコントローラー制度」『日本経営学会経営論集』1953年6月25日号，日本経営学会。

プレジデント書籍編集部（2010）『プロフェッショナルマネジャー・ノート』プレジデント社。

松下幸之助（1978）『実践経営哲学』PHP研究所。

松下幸之助（2005）『企業の社会的責任とは』PHP研究所。

松田修一（2003）「21世紀の知的資本イノベーション」『季刊未来経営』2003年冬季号フジタ未来経営研究所。

山口周（2019）『ニュータイプの時代』ダイヤモンド社。

マーヴィン・キング（2019）『SDGs・ESGを導くチーフ・バリュー・オフィサーCVO』東洋経済新報社。

吉川保弘（2010）『国際課税質疑応答集　基本的な仕組みと考え方』法令出版。

吉川治・高橋賢・真鍋誠司（2016）「経営戦略策定における経営企画部門の役割」『企業会計』第68巻第1号，pp.84-90。

吉田栄介・福島一矩・妹尾剛好（2012）『日本的管理会計の探究』中央経済社。

EYアドバイザリー・アンド・コンサルティング株式会社（2017）『デジタルCFO』東洋経済新報社。

GEコーポレート・エグゼクティブ・オフィス（2001）『GEとともに　ウェルチ経営の21年』ダイヤモンド社。

IBM（2010a）『The New Value Integrator バリュー・インテグレーターを目指して―効率化とビジネス洞察力のさらなる向上―』日本アイビーエム。

IBM（2010b）『The New Value Integrator, Japan Point of View第3版』日本アイビーエム。

（英文文献）

Blackford, Mansel G. and K. Austin Kerr（1986）, *Business Enterprise in American History,* Houghton Mifflin Company.（川辺信雄監訳（1988）『アメリカ経営史』ミネルヴァ書房）

Bock, Lazro（2015）, *Work Rules!,* Twelve.（鬼澤忍・矢羽野薫訳（2015）『WORK RULES!』東洋経済新報社）

Boedeker, R.R.（2005）, *"How Intel Finance Uses Business Partnerships To Supercharge Results",* Strategic Finance, October 2005, pp.27-33.

Burgelman, Robert（2002）, *Strategy is Destiny,* The Free Press.（石橋善一郎・宇田理監訳（2006）『インテルの戦略』ダイヤモンド社）

Collins, James. C. and Jerry I. Porras（1994）, *Built to Last,* Harper Business.（山岡洋一訳（1995）『ビジョナリーカンパニー』日経BP出版センター）

Doerr, John（2018）, *Measure What Matters,* Penguin Publishing Group.（土方奈美訳（2018）『Measure What Matters』日本経済新聞出版社）

Geneen, Harold and Alvin Moscow（1984）, *Managing,* Avon Books.（田中融二訳（2004）『プロフェッショナルマネジャー』プレジデント社）

Greenwood, R.G.（1974）, *Managerial Decentralization.*（斉藤毅憲，岡田和秀訳（1992）『現代経営の精髄』文眞堂）

Grove, Andrew（1983）, *High Output Management,* Vintage Books Editions.（小林薫訳（2017）『HIGH OUTPUT MANAGEMENT』日経BP社）

Grove, Andrew（1996）, *Only the paranoid survives,* Crown Business.（佐々木かをり訳（1997）『インテル戦略転換』七賢出版）

Gundling, Ernest（2000）, *the 3M Way to Innovation balancing People and Profit,* Kodansha International.

Horngren, Charles（2002）, *Introduction to Management Accounting, Chapters 1-19, 12th Edition,* Pearson Education, Inc.（渡邉俊輔監訳（2004）『マネジメント・アカウンティング（第2版）』TAC出版）

Hope, Jeremy and Robin Fraser (2003), *Beyond Budgeting – How Managers Can Break Free from the Annual Performance Trap*, Harvard Business School Press.（清水孝監訳（2005）『脱予算経営』生産性出版）

Hope, Jeremy (2006), *Reinvesting the CFO*, Harvard Business School Press.（米田隆監訳,菊永孝彦・佐久間裕輝・吉田孝江訳（2007）『CFO最高財務責任者の新しい役割』ファーストプレス）

Johnson, H.T (1992), *Relevance Regained from top-down control to bottom-up empowerment*, The Free Press.（辻厚生・河田信訳（1994）『米国製造業の復活』中央経済社）

Kaplan, R.S. and D.P. Norton (2008), *The Execution Premium Linking Strategy to Operations for Competitive Advantage*, Harvard Business School Press.

Lane, Bill (2008), *Jacked Up*, The McGraw Companies, Inc.

Lowe, Janet (1998), *Jack Welch Speaks Wisdom the World's Greatest Business Leader*, John Wiley & sons, Inc.（平野誠一訳（1998）『ジャック・ウェルチ　はっきり言おう！』ダイヤモンド社）

Mintzberg, Henry (1998), *Strategy Safari*, Pearson Education Limited.（齋藤嘉則訳（2013）『戦略サファリ』東洋経済新報社）

Niven, Paul (2006), *Balanced Scorecard Step by Step*, John Wiley Sons, Inc.（清水孝監訳（2009）『BSC戦略マネジメントハンドブック』中央経済社）

Noel M. Tichy and Stratford Sherman (1993), *CONTROL YOUR DESTINY OR SOMEONE ELSE WILL*, Bantam Doubleday Dell Publishing Group, Inc.（小林陽太郎監訳, 小林規一訳（1994）『ジャック・ウェルチのGE革命』東洋経済新報社）

Pascale, R.T. (1981), *The Art of Japanese Management*, Simon & Schuster.（深田祐介訳（1981）『ジャパニーズ・マネジメント』講談社）

Peters, Thomas J. and Robert H. Waterman, Jr. (1982), *In Search of Excellence*, HarperCollins Publishers.（大前研一訳（2003）『エクセレント・カンパニー』英治出版）

Rothschild, William E, (2006), *The Secret to GE's Success*, The McGraw-Hill Companies, Inc.（中村起子訳（2007）『GE　世界一強い会社の秘密』インデックス・コミュニケーションズ）

Schein, Edger H. (1999), *The Corporate Culture – Survival Guide*, John Wiley & Sons, Inc.（金井壽宏監訳, 尾川丈一・片山佳代子訳（2004）『企業文化生き残りの指針』白桃書房）

Schoenberg, Robert (1985), *GENEEN*, Warner Books Inc.（角間隆・古賀林幸訳（1987）『ジェニーン』徳間書店）

Simons, Robert (1995), *LEVERS OF CONTROL*, Harvard Business School Press.（中村元一・黒田哲彦・浦島史恵訳（1998）『4つのコントロールレバー』産能大学出版部）

Simons, Robert (2000), *Performance Measurement and Control Systems for Implementing Strategy*, Prentice-Hall Inc.（伊藤邦雄監訳（2003）『戦略評価の経営学』ダイヤモンド社）

Slater, Robert (1993), *Jack Welch and GE Way*, The McGraw-Hill Companies, Inc.（宮本喜一訳（1999）『ウェルチ』日経BP社）

Slater, Robert (1994), *Get Better or Get Beaten! 31 Leadership Secrets From GE's Jack Welch*, Richard D. Irwin Inc.（仁平和夫訳（2001）『ウェルチ リーダーシップ31の秘訣』日本経済新聞社）

Slater, Robert（1999），*The GE WAY Fieldboot,* The McGraw-Hill Companies, Inc.（宮本喜一訳（2000）『ウェルチの戦略ノート』日経BP社）

Stoltz, Paul G,（1997），*Adversity Quotient - Turning Obstacles into Opportunity,* John Wiley & Sons, Inc.

Tedlow, R.S.（2006），*Andy Grove,* Penguin Group Inc.（有賀裕子訳（2008）『アンディ・グローブ（上）』ダイヤモンド社）

Welch, Jack with John A. Byrne（2001），*Jack - Straight from the Gut,* Warner Books, Inc.（宮本喜一訳（2005）『ジャック・ウェルチ　わが経営（上・下）』日本経済新聞出版社）

Welch, Jack & Suzy（2005），*Winning,* Harper Collins Publishers.（斎藤聖美訳（2005）『ウィニング　勝利の経営』日本経済新聞出版社）

Welch, Jack & Suzy（2006），*Winning: The ANSWERS,* Harper Collins Publishers.

（新聞・雑誌記事等）

『産業経理』1951年8月Vol.11，No.8「企業における内部統制の大綱―通商産業省産業合理化審議会」産業経理協会。

東洋経済新報社（1999）「特集・『経営企画部門』の研究（前編）（後編）」『統計月報』第59巻第9号，pp.6-15，第59巻第10号，pp.22-28。

『日経ビジネス』記事1998年8月3日・10日号「最高の経営者ジャック・ウェルチGE会長を徹底解剖」日経BP社。

『季刊　未来経営』2003年冬季号，No.8，フジタ未来経営研究所。

『週刊　経営財務』2007年4月9日号，「シリーズ「経理・財務」第一回特別対談　松下における経理社員制度と経理・財務教育」，税務研究会。

『企業会計』2016年12月号「対談　パナソニックの本社改革―伝統的経理の進化への挑戦とCFO人材の育成」中央経済社。

『早稲田ビジネススクール・レビュー』第7号，January 2008，座談会「ミニCEOが率いる中小企業集団」日経BP企画。

GE『Annual Report』1981，1982，1983，1984，1985，1986，1987，1988，1989，1990，1991，1992，1993，1994，1995，1996，1997，1998，1999，2001，2002，2003，2004，2005，2006。

索　引

《著者紹介》

昆　政彦 （こん　まさひこ）

（プロローグⅠ，第1，2，3，4，5，6，7，10章，エピローグ，事例紹介3，6，15担当）

スリーエムジャパン株式会社 代表取締役社長

公益社団法人経済同友会幹事，早稲田大学大学院（WBS）客員教授，グロービス経営大学院教員，米国公認会計士（イリノイ州）。

早稲田大学商学部卒業，シカゴ大学経営大学院修士課程修了（MBA），早稲田大学大学院博士（学術）取得。GE横河メディカルシステム株式会社CFO，GE米国本社勤務，株式会社ファーストリテイリング執行役員，GEキャピタルリーシング株式会社執行役員最高財務責任者（CFO）等を経て，2006年住友スリーエム株式会社入社，財務担当執行役員，副社長執行役員等を経て現職。経済同友会にて，2012年幹事就任，社会的責任委員会副委員長，金融問題委員会副委員長，東北未来創造イニシアティブ協働PT副委員長，会員委員会副委員長，資本効率最適化委員会副委員長等を歴任。

著書：『トレジャリー・マネジメント』（中央経済社，2015年，共著），『キャッシュ・マネジメント入門』（東洋経済新報社，2013年，共著），『近未来の企業経営の諸相』（中央経済社，2012年，共著），『効果的な企業会計システムの研究』（中央経済社，2011年，単著），『やわらかい内部統制』（日本規格協会，2007年，共著），『CSRとガバナンスがわかる事典』（創成社，2007年，共著），『やさしいCSRイニシアチブ』（日本規格協会，2007年，共著），『CSRイニシアチブ』（日本規格協会，2005年，監訳共著）。

大矢　俊樹 （おおや　としき）

（プロローグⅡ，第3章，エピローグ，事例紹介1，2，4，5，11，13担当）

グリー株式会社 取締役上級執行役員最高財務責任者

公認会計士　一般社団法人CFO協会 理事

慶應義塾大学経済学部卒業。監査法人トーマツ，ソフトバンクインベストメント株式会社（現SBIホールディングス株式会社），株式会社クレオCFO，CEO，ヤフー株式会社副社長執行役員最高財務責任者を経て，2018年グリー株式会社に入社し，現職に至る。

著書：『CFOの履歴書』（中央経済社，2019年，共著）

石橋　善一郎（いしばし　ぜんいちろう）

（プロローグⅢ，第8，9，10章，エピローグ，事例紹介7，8，9，10，11，12，14担当）
一般社団法人日本CFO協会 主任研究委員兼FP&Aプロジェクトリーダー，米国管理会計士協会（IMA）グローバルボード理事，IMA東京支部 理事，認定NPO法人芸術と遊び創造協会 監事。東北大学会計大学院国際会計政策コース 教授。早稲田大学大学院商学学術院，一橋大学大学院経営管理研究科，相模女子大学大学院 社会起業研究科，筑波大学大学院グローバル研究院 非常勤講師。
米国公認管理会計士，米国公認財務管理士，米国公認戦略競争分析士，米国公認会計士（Certificate，イリノイ州），米国公認内部監査人，米国公認Corporate FP&Aプロフェッショナル。

　上智大学法学部卒業，スタンフォード大学経営大学院修士課程修了（MBA），一橋大学大学院国際企業戦略研究科修士課程修了（MBA），筑波大学大学院ビジネス企業科学専攻博士後期課程単位取得満期退学。富士通株式会社，富士通アメリカ，株式会社コーポレートディレクションズを経て，インテル米国本社ファイナンス・コントローラー，インテル株式会社最高財務責任者に就任。D&Mホールディングス株式会社執行役兼最高財務責任者を経て，2007年から2016年まで日本トイザらス株式会社で代表取締役副社長兼最高財務責任者を務める。
著書：『CFOの履歴書』（中央経済社，2019年，共著）
翻訳書：『BSC戦略マネジメントハンドブック』（中央経済社，2009年，共訳），『インテルの戦略』（ダイヤモンド社，2006年，共訳），『脱予算経営』（生産性出版，2005年，共訳）。

CFO最先端を行く経営管理

2020年5月1日　第1版第1刷発行
2021年2月10日　第1版第5刷発行

著　者　昆　　　政　彦
　　　　大　矢　俊　樹
　　　　石　橋　善一郎
発行者　山　本　　　継
発行所　㈱中央経済社
発売元　㈱中央経済グループ
　　　　パブリッシング

〒101-0051　東京都千代田区神田神保町1-31-2
電　話　03 (3293) 3371 (編集代表)
　　　　03 (3293) 3381 (営業代表)
https://www.chuokeizai.co.jp
印刷／東光整版印刷㈱
製本／㈲井上製本所

©2020
Printed in Japan

＊頁の「欠落」や「順序違い」などがありましたらお取り替えいた
しますので発売元までご送付ください。(送料小社負担)

ISBN978-4-502-34131-1　C3034